Highlights
NORWEGEN

DIE 50 ZIELE, DIE SIE GESEHEN HABEN SOLLTEN

Highlights
NORWEGEN

Petra Woebke

Hans-Joachim Spitzenberger

BRUCKMANN

Inhaltsverzeichnis

NORWEGEN

0   N   100 km

- - - Hurtigruten

Highlights
- Der Süden
- Das Fjordland
- Der Norden
- Die Inseln

EUROPÄISCHES
NORDMEER

NORWEGEN

Polarkreis

Nordkap 43
Honningsvåg
Hammerfest 42   Mehamn   Gamvik   Berlevåg
40   Vardø
Øksfjord   Tana   Vadsø
Skjerrøy   Alta   Lakselv   Kirkenes
Nordreisa
35   Tromsø   FINNMARK   41
44   Karasjok   RUSSLAND
SENJA   Haltiatunturi 38   Alfaelv
Finnsnes   1328   Kautokeino   Inari-
Skibotn   järvi
VESTERÅLEN   Narvik 37   Inari
50   Risøyhamn   Ofotfjord   Abisko   Ivalo
Sortland   2123   Enontekiö
Stokmarkness   Kebnekaise   Karesuando   Muonio
Harstad   Kiruna   Sodankylä
Svolvær   Thysfjord 36   Torneälven   Kolari
LOFOTEN   Stora   Pello
45-49   Vestfjorden   Lulevatten   Gällivare   Kemijärvi
Stamsund   Kvikkjokk 2089   Porjus   Övertorneå   Kuusamo
Sarek-   Hornavan   Jokkmokk   Rovaniemi
Bodø   tjåkka   Töre
Fauske   Piteälven   Kemi
Ørnes   Storavan   Luleå   Tornio   Taivalkoski
34   Storuman   (Torneå)   Iijoki
Svartisengletscher   Skellefteälven   Piteå
Mo i Rana   1764   Oulu
Sandnessjøen   Norra   Vindelälven   Skellefteå   (Uleåborg)
Mosjøen   Storfjället   Liminka
Brønnøysund   NORRLAND   Storuman   Lycksele   Kontiomäki
Umeå   Nurmes
NORWEGEN   Grong   SCHWEDEN   Pietarsaari
(Jakobstad)   Iisalmi
Steinkjer   Örnsköldsvik   FINNLAND   Kuopio
Levanger   Vaasa
Trondheims-   (Vasa)   Äänekoski
Kristiansund 15   fjord   Storlien   Kramfors   Jyväskylä   Mikkeli
28   Trondheim   Storsjön   Härnösand   Kaskinen   Jämsä
24   Molde 29   Östersund   (Kaskö)
RUNDE 25   Åndalsnes   Støren   Sylarna   Sundsvall   Päijänne   Salpausselkä
Vestkap 27   Trollstigen 26   Dovrefjell   1762   Bräcke   Raumo
Ålesund   2286   Rondane   Kaskinen   Hämeenlinna   Kouvola
Måløy   Geiranger   NP 30   NP   Östersund   Riihimäki   Lahti
Florø   Dombås   2183   32 33   Sundsvall   Helsinki   Kotka
21   Jostedalsbreen   Lågen   Gutulia-NP   (Helsingfors)
22   Boyabreen   Røros   ÅLAND-
17   Urnes 16 20   Femunds-   Fälun   Gävle   INSELN   Turku
15   Lærdalsøry   Jotunheimen   marka-NP   I jusnan   (Åbo)
18   Fagernes   Siljan   Tallinn
Sognefjorden   19   Lillehammer   (Reval)
14   Borgund   Hamar   Ludvika   Uppsala
13   Hardangerfjord   Geilo   Mjøsa   Siljan   ESTLAND
Odda 11   Hardanger-   Eidsvoll   Sigtuna   Finn.   Tartu
Latefoss 12   vidda   1 2   Dalälven   Meerbusen   (Dorpat)
Haugesund   Haukeli   Oslo   Västerås   Stockholm
Røldal   3 Gausta   Drammen   Karlstad   Eskilstuna
Stavanger   1883   Kongsberg   Karlskoga   Örebro
9   Snonut   Notodden   Mälaren
Lysefjord   1605   Tønsberg   Moss   Vänern
TELEMARK   Porsgrunn   4   SVEALAND   Uppsala
6   Setesdalbahn 8   Frederiksten   Nyköping
Egersund   Oslofjord   Karlskoga   Mariestad   Linköping
Flekkefjord   5   Vänern
Südkap 7   Arendal   Norrköping
Kristiansand

Skagerrak

Uddevalla

Göteborg

Land der Fjorde, Fjelle, Wikinger und Trolle

Norwegen – ganz anders als gedacht

Auf den ersten Blick bedient Norwegen alle Klischees: grandiose Landschaften, Rentiere und Elche, fischreiche Seen und Küstengewässer, Mitternachtssonne und Polarlicht. Das alles gibt es tatsächlich, aber wer Norwegen wirklich kennenlernen will, der muss sich von diesen Vorstellungen lösen. Norwegen ist ein modernes, in die Zukunft gerichtetes Land, das es verstanden hat, Tradition und Moderne, Natur und Kultur in Einklang zu bringen.

Christentum und alte heidnische Symbole sind in den Stabkirchen oft eine Symbiose eingegangen. Die später entstandenen kleinen Holzkirchen (oben) dagegen sind oft von protestantischer Nüchternheit. Die Norweger sind stolz auf ihre Geschichte und ihre Traditionen – dazu gehört das Tragen von Trachten ebenso wie die bildliche Darstellung der Wikinger allüberall (rechts und unten).

Norwegen ist ein Land der Gegensätze. Neben Städten mit internationalem Flair und reichen kulturellen Angeboten gibt es immer noch die traditionell vom Fischfang existierenden kleinen, malerischen Gemeinden entlang der Küste. Die nicht weit davon gelegenen Offshore-Ölplattformen, die das schwarze Gold der Neuzeit fördern und entscheidend zum Wohlstand des Landes beitragen, gehören ebenso zu Norwegen wie die archaisch lebenden samischen Rentierzüchter. Der Tourismus boomt, und doch findet man, oft nur wenige Minuten von den touristischen Zentren entfernt, nahezu unberührte Natur: Küstengewässer, in denen Wale und Robben nach Plankton und Fischen jagen. Felsinseln, auf denen Tausende von Seevögeln brüten. Tief ins Land einschneidende Fjorde mit steil aufragen-

den Felswänden, von denen unzählige Wasserfälle stürzen. Fjelle, auf denen auch heute noch Bär, Wolf, Vielfraß, Moschusochse und Elch zu finden sind. Wälder und Tundren mit ihrer bunten Vegetation und eisige Gletscher, Zeugen der letzten Eiszeit.

Reise durch die Geschichte

Mit dem Ende der Eiszeit vor gut 10 000 Jahren beginnt auch die Geschichte Norwegens. Erste menschliche Spuren in der Nähe des Nordkaps werden auf die Zeit vor 10 300 Jahren datiert. Steinzeitliche Jäger und Fischer, die dem abschmelzenden Eis folgten und neue Jagdgründe eroberten, waren die ersten Siedler des Landes. Es dauerte aber noch weitere 6000 Jahre, bis sie sesshaft wurden. Die Fischer lebten als erste in dauerhaften Siedlungen,

Rentiere (oben) bevölkern die Fjelle. In der Dämmerung und nachts streifen Luchse durch die Wälder (unten).

während die im Inland vorwiegend von der Jagd lebenden Menschen weiterhin nomadisierten und erst später auch Ackerbau betrieben. Bereits als Nomaden waren sie jedoch künstlerisch tätig und hinterließen Felszeichnungen, die Szenen aus ihrem Leben darstellen. Meerestiere wie Wale, Fische und Robben wurden ebenso abgebildet wie Rentiere, Elche und Menschen. Die ältesten Felsritzungen stammen aus der Zeit vor circa 6500 Jahren, die jüngsten sind 2000 Jahre alt. Allein in Alta sind rund 4000 solcher Felsritzungen heute noch sichtbar, 1985 wurden sie von der UNESCO in die Liste der Weltkulturerbestätten aufgenommen. Die allmähliche Abkehr von den bis dahin benutzten Steinwerkzeugen und die Hinwendung zu Gegenständen aus Bronze begann in Norwegen vor etwa 3800 Jahren. Aus dieser Zeit sind Funde vorwiegend aus dem Südwesten Norwegens bekannt. Die Bronzezeit endete mit der Einführung des Eisens vor rund 2500 Jahren. Allmählich nahmen auch Handelskontakte zu, und um die Zeitenwende wurde Norwegen auch durch die römische Kultur beeinflusst. Waren aus Norditalien erreichten in größerem Umfang das Land. Der »Nordweg« von der Südspitze Norwegens an der Küste entlang bis weit nach Norden wurde zur Hauptverkehrsader. Ein neuer Herrschertyp entwickelte sich. Hatten bisher durch ihre Abstammung bestimmte Häuptlinge über ein festgelegtes Gebiet geherrscht, so etablierten sich nun Könige, die über eine Mannschaft verfügten oder für einzelne Unternehmungen die Befehlsgewalt hatten. Wenn man so will, waren diese Könige die Vorläufer der späteren Wikingerfürsten, die mit ihren Schiffen die Küsten Europas unsicher machten.

Harald Schönhaar war der erste König, der über den größten Teil Norwegens herrschte. Er vereinte um das Jahr 900 die zum Teil verfeindeten Kleinkönigreiche und gilt daher als Begründer des Wikingerreiches, obwohl man die Wikingerzeit schon früher mit dem Überfall auf die an der Nordostküste Englands gelegene Insel Lindisfarne beginnen lässt. Mit der Schlacht von Hastings 1066 endete die Ära der kämpferischen Seefahrer, deren Ruf schlechter ist, als sie waren, denn sie lebten auch und möglicherweise in erster Linie vom Handel. Sie eroberten die Shetland- und Orkney-Inseln, plünderten Paris, entdeckten so ganz nebenbei Island, Grönland und Neufundland und waren

damit 500 Jahre früher in Amerika als Kolumbus. Danach verlor Norwegen seine Unabhängigkeit. Ab 1380 wurde es mit Dänemark und Schweden in der so genannten Kalmarer Union vereint, aus der Schweden aber schon 1523 wieder ausschied. Der Zusammenschluss mit Dänemark hielt bis 1814. Dänemark musste sich nach den Napoleonischen Kriegen aus Norwegen zurückziehen, und das Land wurde dem Königreich Schweden einverleibt. Erst 1905 löste sich die Union mit Schweden auf, und Norwegen wurde wieder ein selbstständiges Königreich.

Reise durch das Land

Wir folgen einer imaginären Reiseroute, die an der Skagerrakküste beginnt und am Nordkap endet. Sie fängt an der »Norwegischen Riviera« im Sørlandet an, dem Südland. Die nächsten Stationen befinden sich im Austlandet, dem Ostland. In dieser Region liegt die Hauptstadt Oslo, außerdem der größte See in Norwegen, der Mjøsa-See und der höchste Berg, der Galdhøpiggen mit 2469 Metern. Von dort geht es weiter in das Vestlandet, den westlichen Landesteil an der Atlantikküste mit den Städten Bergen und Stavanger. In Richtung Norden führt die Reise durch die Region Trøndelag in Mittelnorwegen. Die größte Stadt und Hauptstadt der Region Trøndelag ist Trondheim in Sør-Trøndelag. Diese Stadt war die erste Hauptstadt Norwegens. An der »Wespentaille« Norwegens, etwa auf Höhe des Polarkreises, schließt sich Nord-Norge an. Nord-Norge, Nordnorwegen, umfasst etwa ein Drittel der Fläche Norwegens. Hier sind auch die wohl bekanntesten Inseln des Landes, die Lofoten.

Die Qual der Wahl

Aus dieser Vielfalt 50 Highlights auszuwählen, gleicht der Quadratur des Kreises, denn diese

Die Fjelle (oben), wie man die norwegischen Gebirgszüge nennt, wurden von der Eiszeit geformt. Buschwindröschen (unten) bedecken die Tundren und Waldböden im Frühling und Sommer.

Papageitaucher (oben) »fliegen« unter Wasser hinter ihren Beutefischen her. Dramatische Wetterumschwünge sind typisch für die Lofoten (unten). Norwegen ist das Land der Wasserfälle (rechts).

Auswahl kann niemals vollständig, kaum repräsentativ sein. Und so werden 50 Ziele beschrieben, die auf einer Reise durch alle Regionen Norwegens wichtige Facetten dieses faszinierenden Landes repräsentieren. Wir versuchen weder, ein vollständiges Abbild Norwegens zu entwerfen, noch eine wertende Auflistung der schönsten oder interessantesten Städte, Sehenswürdigkeiten oder Landschaften zu geben. Die in diesem Buch beschriebenen Highlights umfassen zwar nahezu alle bekannten Orte, wir haben jedoch auch versucht, die kleinen Dinge zu beschreiben, an denen der Besucher oft unwissend oder achtlos vorbeigeht, obwohl sie untrennbar mit dem Land verbunden sind. Dieses Buch ist nicht gezielt auf Kinder zugeschnitten, aber auch sie finden eine Fülle von Anregungen, denn ganz Norwegen ist für sie ein riesiger Abenteuerspielplatz. Klettern, baden, reiten, mit dem Kajak oder auf Gummiflößen reißende Flüsse hinabfahren,

angeln und Beeren sammeln sind fast überall möglich und einem Besuch im Freizeitpark allemal vorzuziehen. Im Zelt oder einer Holzhütte übernachten, am Lagerfeuer Würstchen braten, an einer Nachtwanderung durch den Wald oder an einer Elchsafari teilnehmen – all dies begeistert nicht nur Kinder, sondern Erwachsene, die Sehnsucht nach Abenteuern und Naturerlebnissen haben. Einiges mag fehlen, anderes überflüssig erscheinen, wir wollen jedoch einen Querschnitt durch die Naturschönheiten, die Städte und Dörfer und natürlich auch die archäologischen und historischen Orte geben. Nicht in die Beschreibungen einbezogen wurden dabei der Svalbard-Archipel mit der Bäreninsel im Nordpolarmeer und die Insel Jan Mayen im Nordatlantik, die ebenfalls zum norwegischen Hoheitsgebiet gehören, jedoch sehr weit vom Mutterland entfernt und für den gewöhnlichen Norwegen-Reisenden nicht erreichbar sind.

Der Süden

Am Stavatn verschwimmen die Grenzen zwischen Himmel, Erde, Eis und Wasser. Das eine geht in das andere über (links). Der Fischfang ist neben dem Tourismus eine der Haupteinnahmequellen (oben). Die Alpenpechnelke gedeiht bestens auf den kalkhaltigen kargen Böden der Fjelle (unten).

Das Rathaus, ein Wahrzeichen Oslos (oben). Vigeland, einer der berühmtesten Söhne der Stadt, errichtete zwischen 1924 und 1943 einen wundervollen Skulpturenpark. Die Rechte an seinem Lebenswerk hatte er bereits lange vor seinem Tod 1943 an den Magistrat verkauft – dafür kam die Stadt für sein Schaffen und Leben auf (rechts).

1 Eine Stadt mit vielen Namen und Gesichtern

Von der »Ebene der Götter« zur »Tigerstaden« Oslo

»Ebene der Götter« bedeutet der Name Oslo ursprünglich. Doch das ist nur einer der Namen, den die Stadt in ihrer tausendjährigen Geschichte getragen hat: Oslo, Christiania, Kristiania und heute wieder Oslo. 1870 kam ein weiterer Name dazu: Tigerstaden. Der norwegische Dichter und Literaturnobelpreisträger Bjørnstjerne Bjørnson (1832–1910) besingt Oslo in seinem Gedicht »Sidste Sang« als unbarmherzige und gefährliche Tigerstadt, inzwischen nennen die Einheimischen ihre Stadt liebevoll »Tigerstaden«.

Oslo verdankt seine inzwischen tausendjährige Existenz einerseits der geschützten Lage am Nordende des 100 Kilometer langen Oslofjordes, andererseits den guten Landverbindungen in den Osten Norwegens. Der Sage nach wurde die Stadt im Jahr 1048 von König Harald III. gegründet. Allerdings hat es dort auch vorher schon eine Siedlung und eine Kirche gegeben. Daher feierte man 1950 das 900-jährige Bestehen der Stadt. In den Jahren danach durchgeführte archäologische Untersuchungen brachten christliche Gräber zutage, die auf das Jahr 1000 datiert wurden. Es musste also schon früher eine Siedlung gegeben haben. So wurde die Geschichte Oslos den Befunden angepasst und im Jahr 2000 das 1000-jährige Bestehen der Stadt begangen.

Von Oslo zu Oslo

In diesen tausend Jahren hat sich einiges ereignet. Bereits 1299 hatte Oslo eine so hohe wirtschaftliche und politische Bedeutung, dass König Håkon V. (1270–1319) mitsamt seinem gesamten Hofstaat von Bergen nach Oslo umsiedelte und die Stadt zu Norwegens Hauptstadt machte. Zu dieser Zeit hatte Oslo etwa 3000 Einwohner. Um standesgemäß und vor allem sicher zu wohnen, ließ Håkon V. die Festung Akershus bauen, die mit etlichen Um- und Erweiterungsbauten bis heute erhalten ist. Heute ist in der Festung Akershus unter anderem das Widerstandsmuseum untergebracht, das an die norwegische Auflehnung gegen die deutsche Besetzung des Landes im Zweiten Weltkrieg erinnert.

Oslo wurde in den folgenden Jahrhunderten mehrfach geplündert und niedergebrannt, ist aber immer wieder am selben Ort errichtet worden. Bis zum Jahr 1624. Nachdem die typischen norwegischen Holzhäuser wieder einmal Feuer gefangen hatten und die Stadt weitgehend zerstört wurde, ließ König Christian IV. (1577–1648) die Stadt näher an die Festung Akershus legen. Sie erhielt nun den Namen Christiania, den sie bis 1877 behalten sollte. Die wieder aufgebaute Stadt wurde nach dem Idealbild der Renaissance mit rechteckigen Quartieren und breiten Straßen errichtet und erhielt eine Festungsanlage mit Bastionen. Der Stadtteil zwischen Schloss Akershus, dem Dom, der Øvre Vollgate und der Skippergate heißt Kvadraturen und entspricht immer noch dem damals angelegten Straßennetz. Hier sind viele Gebäude aus dem 17. Jahrhundert gut erhalten, denn um die Entstehung und Ausbreitung von Bränden zu verhindern, wurden die Häuser von nun an aus Steinen gebaut.

Das alte, abgebrannte Oslo, das sich nun außerhalb der Stadtmauern befand, sollte nicht wiederbesiedelt werden, aber diejenigen, die sich das teure Leben in der neuen Stadt nicht leisten konnten, widersetzten sich dem Verbot des Königs und bauten das »Gamle Oslo« wieder auf.

Nach den Napoleonischen Kriegen musste Dänemark, das bis dahin in Personalunion mit Norwegen verbunden war, Norwegen an Schweden abtreten. Unter dem schwedischen König Oscar II. (1829–1907) wurde die Schreibweise Christiania 1877 offiziell in Kristiania geändert. Erst zwanzig Jahre nach der Unabhängigkeit Norwegens von Schweden erhielt die Stadt 1925 ihren Namen Oslo zurück.

Weltstadt mit Tradition

Heute ist Oslo eine Metropole mit rund 600 000 Einwohnern und erstreckt sich über eine Fläche von mehr als 450 Quadratkilometern. Längst sind nicht mehr nur die Ufer des Fjordes besiedelt. Über vierzig Inseln gehören zur Stadt, und »Gamle Oslo«, das 1624 abgebrannte Alt-Oslo, liegt wieder im Zentrum der Stadt. Überhaupt begegnet man der Geschichte auf Schritt und Tritt. Das beginnt schon mit dem Stadtwappen, das den heiligen Hallvard, den Schutzpatron Oslos zeigt. Es weist auf eine Begebenheit hin, die sich vor 900 Jahren ereignet haben soll. Der Sage zufolge wollte Hallvard im Jahre 1043 in einem Boot über den Drammensfjord rudern, als eine Frau ihn bat, sie mitzunehmen. Sie sei unschuldig des Diebstahls bezichtigt und nun vor drei Männern auf der Flucht. Hallvard glaubte ihr. Als die Verfolger das Boot erreichten, weigerte er sich, die Frau auszuliefern. Daraufhin töteten sie ihn mit einem Pfeilschuss in den Hals. Danach erschlugen sie die Frau und versenkten Hallvard mit einem an den Hals gebundenen Mühlstein im Fjord. Nach kurzer Zeit geschah jedoch ein Wunder: Hallvard trieb mit dem Stein wieder an die Wasseroberfläche, was zu seiner Heiligsprechung führte.

Traditionell ist auch die Staatsform Norwegens, die Monarchie, auch wenn die gegen-

Akers Brygge: Die Flanier- und Shoppingmeile Oslos gegenüber der Festung Akershus (rechts) entstand auf einem ehemaligen Werftgelände. Hier trifft sich alles, was Rang und Namen hat oder auch nur dazugehören möchte. Vom schwimmenden Café über Gourmet-Tempel bis zur exklusiven Bar ist alles vorhanden, was eine Weltstadt zu bieten hat.

wärtige Dynastie noch relativ jung ist. Ausdruck dieses Traditionsbewusstseins ist der 1848 fertiggestellte Königspalast, der in Teilen der Öffentlichkeit zugänglich ist. Inbegriff neuen Selbstbewusstseins nach der Unabhängigkeit von Schweden ist das doppeltürmige rote Rathaus der Stadt. Es hat lange gedauert, bis es errichtet war. Erst der achte Entwurf der Architekten Arnstein Arneberg und Magnus Poulsson von 1930 wurde für gut genug befunden. Der Grundstein wurde im Herbst 1931 gelegt, die endgültige Fertigstellung des Gebäudes verzögerte sich jedoch durch den Zweiten Weltkrieg, sodass die Einweihung erst 1950 stattfand. In der Festhalle wird jedes Jahr am 10. Dezember, dem Todestag Alfred Nobels, der Friedensnobelpreis verliehen.

Kulturangebote im Weltformat

Kaum eine Stadt verfügt über so viele Museen, Galerien, Theater und Konzertsäle wie Oslo. Vom Museum für Kulturgeschichte über das Naturhistorische Museum, die Nationalgalerie und das Edvard-Munch-Museum bis hin zum Vigeland-Skulpturenpark sind alle musealen und künstlerischen Fachbereiche vertreten. Die Halbinsel Bygdøy beherbergt allein sechs Museen, die sich vor allem mit der Schifffahrt – von den Wikingern bis Thor Heyerdahl – beschäftigen. Davon soll aber an anderer Stelle die Rede sein.

Der Kulturkalender liest sich wie das »Who's who« der norwegischen und internationalen Künstlerelite. Das Norwegian Wood Rock Festival hat in Oslo ebenso seinen Platz wie das Ultima-Festival für zeitgenössische Musik oder das Oslo-Weltmusik-Festival. Speziell für Kinder findet alljährlich das Kinder-Kultur-Festival statt.

Sport im Land der Erfinder des Skilaufs

Auch der Sport hat seine Traditionen. Nur wenige Kilometer vom Zentrum Oslos entfernt befindet sich mit dem Holmenkollen das Mekka des Skisports. Hier steht die älteste Skisprungschanze der Welt. Jedes Jahr werden hier das Holmenkollen-Ski-Festival und der Ski-Welt-Cup veranstaltet. Abfahrtsläufer und Skiwanderer kommen ebenfalls auf ihre Kosten. In jedem Winter werden mehr als 2600 Kilometer Langlaufloipen gespurt, allein im Tryg-van-Winter-Park sind es 14 Loipen, und mit sechs Skiliften kann man sich zu den Abfahrtspisten bringen lassen. Aber auch im Sommer gibt es ein großes Sportangebot. Aus der Fülle der Veranstaltungen soll hier nur der Norwegen-Cup, das weltgrößte Fußballturnier für Kinder, erwähnt werden.

![Gokstadschiff im Museum]

Das Gokstadschiff aus dem 9. Jahrhundert (oben) erinnert an die Seefahrertradition. Auch die Stabkirche Gol (rechts) hat eine weite Reise hinter sich. Im 12. Jahrhundert wurde sie in Buskerut gebaut, 1882 abgetragen und auf Bygdøy wieder aufgebaut.

2 Streifzug durch die norwegische Geschichte

Die Museumshalbinsel Bygdøy

Bygdøy ist zwar nur einer von vielen Stadtteilen Oslos, die Halbinsel im Oslofjord hat es jedoch verdient, gesondert erwähnt zu werden, denn nirgendwo sonst wird der Besucher so konzentriert und umfassend über die Geschichte Norwegens, über die norwegische Schifffahrt quer durch die Jahrhunderte und über die Arbeit hervorragender norwegischer Forscher informiert. Fünf Museen und das Lustschloss Oscarshall von König Oskar I. sind für Besucher geöffnet.

Ein Besuch von Bygdøy ist nichts für Eilige! Wer einen auch nur annähernd vollständigen Eindruck von den hier zusammengetragenen Schätzen aus der Geschichte Norwegens bekommen möchte, muss sich mindestens zwei Tage Zeit nehmen. Und das, obwohl alle Museen unmittelbar benachbart sind.

Zeitreise in die Vergangenheit

Am besten beginnt man mit dem norwegischen Volksmuseum (Norsk Folkemuseum), einem der größten Freilichtmuseen Europas, in dem Häuser und Höfe aus dem ganzen Land zusammengetragen worden sind. Die Gebäude sind vom Sørlandet bis hinauf nach Nord-Norge nach Regionen geordnet, teilweise geht die Differenzierung so weit, dass Charakteristika einzelner Täler erkennbar sind. Die Gebäude wurden am Ursprungsort sorgfältig abgetragen und originalgetreu wieder aufgebaut und möbliert. Freundliche junge Damen in typischen Trachten führen durch die Gebäude und erläutern auf Wunsch jedes Detail. Auch eine Stabkirche darf natürlich nicht fehlen, daher wurde die Stabkirche Gol aus dem 12. Jahrhundert in Buskerut abgetragen und hier wieder aufgebaut. Aus neuerer Zeit stammt eine Tankstelle aus dem Jahr 1928. Um die Geschichte lebendig zu erhalten, wird in den Sommermonaten norwegisches Brauchtum vorgeführt. Museumsbesuche machen hungrig und durstig, daher wurde in einer alten Wartehalle aus der Zeit der Dampfschiffe ein Café eingerichtet.

Mit den Wikingern auf Kaperfahrt im Jenseits

Weit zurück in die Geschichte der Wikinger führt das Wikingerschiff-Museum (Vikiniskiphuset). Hier sind drei Schiffe, das Oseberg-Schiff, das Tune-Schiff und das Gokstad-Schiff, rekonstruiert worden, die zwar wohl seetauglich waren und benutzt wurden, später aber verblichenen Wikingerfürsten als Grab dienten. Das Oseberg-Schiff wurde im Jahre 1904 unter einem Grabhügel auf dem Oseberg-Hof, einem Bauernhof am westlichen Ufer des Oslofjords, gefunden. Das Schiff mit seinem dekorativ geschnitzten Steven ist fast vollständig erhalten, obwohl es bereits im Jahr 834 unter dem Grabhügel begraben wurde. Es diente zwei Frauen, vermutlich Priesterinnen, als letzte Ruhestätte. Das Tune-Schiff ist etwa sechzig Jahre jünger und wurde einem adeligen Wikinger als Grabbeigabe ins Jenseits mitgegeben. Es wurde 1867 im Hügelgrab Båthaugen in Rolvsøy entdeckt. Das dritte Schiff, Gokstad genannt, stammt ebenfalls aus dem späten 9. Jahrhundert. Es wurde 1880 bei Gokstad, etwa 120 Kilometer südlich von Oslo, gefunden. Alle drei Schiffe sind über 20 Meter lang.

Um sie zu rudern, wären 32 Männer notwendig gewesen. Allerdings verfügten sie auch über Segel, die den Schiffen eine Geschwindigkeit von bis zu zwölf Knoten ermöglichten.

Im Kielwasser der Fram

Etwa 1000 Jahre später, es wurde immer noch gesegelt, auch wenn viele Schiffe schon einen Hilfsantrieb in Form von Dampfmaschinen, später Dieselaggregaten hatten, wurde die Fram (dt. Vorwärts) auf Kiel gelegt. Die Fram war nicht irgendein Schiff, sondern wurde speziell für den Einsatz im Eis gebaut. Sie leitete die große Zeit der Polarforschung ein, die mit den Namen Fridtjof Nansen, Otto Sverdrup und Roald Amundsen untrennbar verbunden ist. Zwischen 1893 und 1896 versuchte Nansen, sich mit der Fram im Packeis einfrieren zu lassen und über den Nordpol zu treiben. Obwohl er den Nordpol nie erreichte, gelang es ihm, bis auf 86°14' N vorzustoßen. Otto Sverdrup war Kapitän bei dieser ersten Expedition über das Eismeer und Leiter der Expedition, als Nansen und sein Begleiter Johansen zu Fuß in Richtung Nordpol aufbrachen. Später segelte er mit der Fram in unbekannte Gebiete im Nordwesten Grönlands und kartierte dort zwischen 1898 und 1902 mehr als 200 000 Quadratkilometer Neuland. 1909 überließ Nansen Roald Amundsen die Fram für weitere Expeditionen in die Arktis und Antarktis. Amundsen gilt als größter Polarfahrer aller Zeiten. Er erreichte als erster Mensch den Südpol und war der erste, dem die Nordwestpassage gelang. Um die Fram herum ist das Frammuseet, das Fram-Museum, errichtet worden. Aber es ist nicht nur das Schiff, das dort ausgestellt wird. Das Museum gibt einen umfassenden Überblick über die norwegischen Polarexpeditionen und die Forscher, die großartige Leistungen erbracht haben.

Auf den Spuren Thor Heyerdahls

Wohl jeder hat schon von dem Zoologen, Anthropologen und Geografen Thor Heyerdahl gehört, der mit naturgetreuen Nachbauten an-

Die Zeichnung einer polynesischen Maske ziert das Hauptsegel der Kon-Tiki, dem nach historischen Vorgaben nachgebauten Balsaholz-Floß, mit dem der Norweger Thor Heyerdahl 1947 über den Pazifik segelte (unten). Mit der Gjøa bewältigte Roald Amundsen als Erster die Nordwestpassage (rechts).

tiker Schiffe und Flöße aus Balsaholz, Papyrus und Schilf den Pazifik von Südamerika nach Polynesien und den Atlantik von Marokko nach Barbados überquerte. Ihm hat man mit dem Kon-Tiki-Museum ein Denkmal gesetzt. Hier sind seine außergewöhnlichen Expeditionsfahrzeuge Kon-Tiki und Ra II im Original zu sehen. Mit dem Balsaholz-Floß Kon-Tiki überquerte er 1947 in 101 Tagen den Pazifik von Peru nach Polynesien. Damit wollte er den Beweis erbringen, dass die hoch entwickelten Völker Südamerikas Polynesien besiedelt hatten. 23 Jahre später segelte er mit dem Schilfboot Ra II in 57 Tagen über den Atlantik und bewies, dass es den Bewohnern Afrikas durchaus möglich gewesen sein konnte, bis nach Südamerika zu segeln und den Kontinent auf diesem Wege zu besiedeln. Auch seine anderen berühmten Expeditionen, von der Osterinsel über Peru, Kolumbien und die Malediven bis zum Tigris-Projekt, mit dem er beweisen wollte, dass die Sumerer bereits vor 4000 Jahren in der Lage waren, mit Papyrusbooten Indien zu erreichen, sind ausführlich dargestellt.

Überleben auf dem Meer
Im Seefahrtsmuseum wird sehr anschaulich die Entwicklung der Seefahrt und des Schiffsbaus präsentiert. Es gibt sowohl typisch norwegi-

sche Boote im Original zu sehen als auch viele Schiffsmodelle. Eine besondere Attraktion ist das älteste Boot Norwegens, ein 2200 Jahre alter Einbaum. Auch die Kunst ist in vielfältiger Weise mit dem Meer und der Seefahrt verbunden. In einer eigenen Galerie zeigt das Museum maritime Motive von norwegischen Künstlern.

Wo der König Urlaub machte
Das Lustschloss Oscarshall liegt ebenfalls auf der Halbinsel Bygdøy in Oslo. Dieses Schloss wurde in den Jahren 1847 bis 1852 von dem dänischen Architekten Johan Henrik Nebelong im Auftrag von König Oscar I. gebaut. Das Schloss gilt als Hauptwerk der Neugotik in Norwegen und stellt eines der wichtigsten nationalromantischen Kulturdenkmäler des Landes dar. Beim Baustil stand englische Burgarchitektur Pate.
Da es beim Bau des Königlichen Schlosses in Oslo Klagen gab, dass nur wenige norwegische Künstler mit der Ausgestaltung beauftragt worden waren, erhielten hier norwegische Künstler die Aufträge zur Gestaltung. Heute ist das Lustschloss ein Denkmal der Kunst und Kunstindustrie des Landes um 1850. Bereits seit 1881 ist das Schloss auch für Besucher geöffnet.

EINMAL ZAHLEN, ALLES SEHEN – DER OSLO PASS (OSLO-KORTET)

Der Oslo Pass ist Ihre Eintrittskarte zur Stadt. Mit ihm können Sie alle öffentlichen Verkehrsmittel kostenlos benutzen, Sie haben freien Eintritt in Museen, freies Parken auf öffentlichen Parkplätzen sowie Ermäßigungen bei Stadtrundfahrten, Auto- und Schlittschuhverleih, den Freizeitpark Tusenfryd, Restaurants und vieles mehr.
Ihren Oslo Pass bekommen Sie in den Touristeninformationen am Rathaus oder am Hauptbahnhof. Beim Kauf wird der Oslo Pass mit Datum und Uhrzeit gestempelt und gilt dann für 24, 48 oder 72 Stunden. Die Kosten liegen je nach Gültigkeit zwischen 230 und 430 Norwegischen Kronen (NOK) für Erwachsene, für Kinder (4–15 Jahre) zwischen 100 und 160 NOK.

WEITERE INFORMATIONEN

Tourist Information am Hauptbahnhof: Jernbanetorget 1
Tourist Information am Rathaus: Fridtjof Nansens plass 5, Tel. +47/815 30 555, E-Mail: info@visitoslo.com, Internet: www.visitoslo.com

Die »gotische Kathedrale aus Holz«, wie die Stabkirche Heddal auch genannt wird, ist eine der wenigen Stabkirchen, die auch heute noch für Gottesdienste, Trauungen und Taufen genutzt wird. Auf dem Friedhof finden jedoch keine Beisetzungen mehr statt.

3 Ein Superlativ in Holz

Die Stabkirche Heddal

»Schlaf, schlaf, mein Kind. Morgen kommt Finn, dein Vater. Mit der Sonne oder dem Mond oder mit dem Herzen des Christenmenschen, zum Spaß und als Spielzeug für das Kind.« Dieser Vers rettete der Sage nach dem Bauern Raud Rygi aus dem Heddal das Leben. Er hatte die Aufgabe übernommen, eine Kirche für die im Tal siedelnden Bauernfamilien zu bauen. Ein Unbekannter hatte ihm angeboten, die Kirche in nur drei Tagen zu errichten. Als Gegenleistung sollte Raud ihm Sonne oder Mond vom Himmel holen oder seinen Namen erraten.

Sollte er die Bedingungen nicht erfüllen, dürfte der Fremde ihm das Herz herausreißen. Die Kirche war tatsächlich nach drei Tagen fertiggestellt und Raud fürchtete um sein Leben, hörte jedoch durch Zufall die Verse, welche die Frau des Trolls Finn ihrem Kind vorsang, und wusste nun den Namen des Unbekannten. Zwanzig Meter lang und sechsundzwanzig Meter hoch ist die »gotische Kathedrale aus Holz«, wie die Stabkirche auch genannt wird. Zwölf Holzpfosten, die Stäbe, tragen die fünfstöckige Konstruktion aus Dächern, Gauben und Türmchen. Damit ist sie die größte Stabkirche in Norwegen und auch eine der ältesten. Sie wurde etwa um das Jahr 1240 erbaut und, wenn man einer Runeninschrift glauben darf, am 25. Oktober 1242 geweiht. Dass zu dieser Zeit auch die alten nordischen Götter noch nicht vergessen waren, zeigen die Schnitzereien von Dämonen, Schlangen und Tierköpfen an den Portalen der Kirche. Sehenswert ist auch der aus dem 12. Jahrhundert stammende geschnitzte Bischofsstuhl mit Motiven aus der Nibelungensage. Um Heddal zu erreichen, fährt man von Oslo kommend zunächst auf der E 18 bis nach Drammen und von dort auf der E 314 weiter bis nach Notodden.

INFO: Öffnungszeiten: 20. Juni bis 20. August Mo–Sa 9–19 Uhr, So 13–19 Uhr. 20. Mai bis 19. Juni und 21. August bis 10. September Mo–Sa 10–17 Uhr, So 13–17 Uhr.

4 Ein Bollwerk gegen Schweden

Die Festung Fredriksten in Halden

Die Stadt Halden teilt das Schicksal vieler norwegischer Städte. Sie ist mehrfach abgebrannt. Außerdem war sie Schauplatz vieler kriegerischer Auseinandersetzungen zwischen Norwegern und Schweden. Sechs Mal wurde Halden, das von 1665 bis 1928 nach König Frederik III (1609 - 1670) von Norwegen und Dänemark Fredrikshald hieß, von Schweden angegriffen. Diesen Konflikten verdankt sie eine außergewöhnliche Attraktion, die Festung Fredriksten.

Der Fischfang ist neben dem Tourismus eine der Haupteinahmequellen der Haldener. Hoch über dem Hafen thront die Festung Fredriksten, ein Symbol des Widerstands gegen die Schweden. Heute ist darin das »Kriegshistorische Museum« untergebracht.

Die Festung sollte jedoch kein rein militärisches Bauwerk werden, sondern auch der Stadtbevölkerung Zuflucht bieten, die den Angriffen der Schweden bisher schutzlos ausgeliefert war. Das wurde schon bei der Planung durch den Festungsbaumeister Willem Coucheron (?–1689) berücksichtigt. Die gesamte Anlage besteht aus der inneren, militärisch genutzten Festung, der westlich davon gelegenen, durch Mauern geschützten Borgerskansen für die Einwohner von Fredrikshald sowie drei östlich gelegenen Vorwerken. Die ältesten Gebäude stammen aus dem 19. Jahrhundert, der Großteil ist jedoch wesentlich jünger. Die Stadt selbst bietet daher keine Besonderheiten. Aber den Konflikten mit Schweden verdankt sie eine außergewöhnliche Attraktion – die

Festung Fredriksten. Die Burg wurde in den Jahren 1661 bis 1701 zum Schutz gegen die Angriffe der Schweden auf zwei Hügeln oberhalb der Stadt erbaut. Innerhalb der Mauern war alles untergebracht, was die in Kriegszeiten tausendköpfige Besatzung brauchte: nicht nur Munition und Waffen, sondern auch eine Brauerei, die bis zu 2000 Liter Dünnbier pro Tag braute. Das war auch notwendig, denn die Tagesration eines Soldaten betrug 2,5 Liter. König Karl XII. von Schweden kam bei der Belagerung 1718 dort um. Es wurde nie geklärt, ob er von den Verteidigern oder Verrätern aus den eigenen Reihen erschossen wurde.
INFO: Halden Turistkontor: Torget 2, PB 508, N-1754 Halden, Tel. +47/69 19 09 80, E-Mail: info@visithalden.no.

5 Vom Oslofjord nach Kristiansand

Sonne satt an der Norwegischen Riviera

Das Klima in Norwegen ist besser als sein Ruf. Das spürt man nirgendwo mehr als an der sonnenverwöhnten Skagerrakküste. Die aus dem Atlantik und der Nordsee kommenden, mit Feuchtigkeit beladenen Wolken regnen sich schon vorher an der Westküste ab. Hier an der Südostküste laden kleine, verträumte Ferienorte mit wunderbaren Sandstränden und vorgelagerten Schären sonnenhungrige Besucher zum Verweilen ein.

Wer einen Badeurlaub an der »Norwegischen Riviera« plant, sollte sich für die wunderschönen Strände zwischen Arendal und Grimstad entscheiden. In den malerischen Dörfern Grefstadvika, Storesand und Hasseltangen findet man die schönsten, von Wäldern, Feldern oder Felsen eingefassten Sandstrände.

Aber auch wer nicht nur Sonne, Strand und Nichtstun genießen möchte, kommt in dieser Region auf seine Kosten. An der lang gestreckten Schärenküste werden Boots- und Angeltouren zu den vielen kleineren und größeren Felseninseln angeboten. Man sagt, dass der Schärengarten vor Tvedestrand der schönste in Norwegen sei. Wer ihn besucht, sollte nicht versäumen, einen Spaziergang durch das kleine Dorf Lyngør zu machen, das 1991 als »Europas bestbewahrtes Dorf« ausgezeichnet wurde. Es liegt, völlig autofrei, auf vier kleinen Inseln und ist nicht nur mit dem eigenen, sondern auch mit dem Taxiboot zu erreichen.

Städte wie an einer Perlenschnur

Die wichtigsten Orte der Region heißen Risør, Tvedestrand, Arendal, Grimstad, Lillesand und Kristiansand. Jede für sich hat etwas Besonderes aufzubieten. Das malerische Risør, wo die Häuser vorwiegend weiß gestrichen sind, ist bekannt für die im Barockstil erbaute Heilig-Geist-Kirche aus dem Jahr 1647. Bei einem Stadtbrand im Jahr 1861 soll die Kirche nur deshalb nicht den Flammen zum Opfer gefallen sein, weil die Frauen einen Ring um das Gebäude bildeten und eimerweise Wasser auf das herannahende Feuer schütteten.

Vom Oslofjord nach Kristiansand

Ganze 2000 Einwohner zählt das malerisch an der Mündung des Oksenfjords auf mehreren Hügeln gelegene Städtchen Tvedestrand. So klein der Ort ist, bietet er doch viel, von Boots-touren über Wandern und Angeln bis zum Sonnenbaden und Schwimmen.

»Venedig des Nordens« wurde der kleine Ort Arendal wegen seiner vielen Brücken, Kanäle und auf Pfosten im Wasser gegründeten Holz-häuser genannt, bis 1863 ein verheerendes Feuer einen großen Teil der Stadt vernichtete. Nach dem Brand wurden die Kanäle zuge-schüttet. Das einzige Haus, das von den Flam-men verschont blieb, ist das vierstöckige Palais Kalleviggård, das ursprünglich einem Kauf-mann gehörte, aber bereits seit 1844 als Rat-haus der Stadt dient.

Grimstad ist die Stadt in Norwegen mit den meisten Sonnenstunden im Jahr. Trotzdem hat sich Henrik Ibsen hier nicht wohlgefühlt, als er sechzehnjährig eine Lehre in der Reimann-schen Apotheke antrat, die heute noch exis-tiert. Obwohl Ibsen nur wenige Jahre hier ver-bracht hat, hat ihm die Stadt ein eigenes, sehenswertes Museum gewidmet. Drei weitere Museen sind der Schifffahrt, der Stadtge-schichte und dem Gartenbau gewidmet. Eine Fülle von Ausstellungen, Konzerten und Veran-staltungen wird zudem in Grimstad durchge-führt. Im Frühsommer trifft man während des »Grimstad Kurzfilmfestivals« Filmenthusiasten aus dem In- und Ausland. Das Agdertheater »Fjæreheia« ist ein Freilichttheater mit ganz besonderem Flair in einem ausgedienten Gra-nitsteinbruch. Seit 1993 wird hier gespielt. Selbstverständlich gehören auch die Dramen von Ibsen zum Repertoire.

Seine Blütezeit erlebte Lillesand im 18. und 19. Jahrhundert durch die Segelschifffahrt. Es gab zahlreiche Werften, und viele Reeder lie-ßen sich in der kleinen Stadt nieder. Aus dieser Zeit stammen auch die gut erhaltenen Holz-häuser, die die Stadt bis heute prägen. Lille-sand war auch die Heimat des Bauernführers Kristian Lofthus, eines norwegischen »Robin Hood« der im 18. Jahrhundert eine Revolte entfachte und dafür lebenslänglich ins Gefäng-nis kam. Ein Gedenkstein erinnert an ihn.

Kristiansand ist die Hauptstadt des Sørlandet und mit 82 000 Einwohnern die fünftgrößte Stadt Norwegens. Sie wurde 1641 durch den dänischen König Christian IV. gegründet, um hier ein neues Handelszentrum für die Region zu schaffen. Obwohl auch Kristiansand nicht von verheerenden Feuern verschont geblieben ist, wurde die Stadt immer wieder in einem streng quadratischen, aus dem Mittelalter überlieferten Grundriss aufgebaut, wenn auch in dem zu der jeweiligen Zeit typischen Baustil.

ZWISCHEN OSLOFJORD UND KRISTIANSAND

Am Meer muss es Fisch sein … und der Be-sucher von Arendal hat hier die Qual der Wahl, denn es gibt vor allem im Altstadt-viertel Tyholmen ein ganze Reihe sehr gu-ter Fischrestaurants. Zu empfehlen ist das »Restaurant 1711« in der Nefre Tyholmsvei. Es heißt, dass es von allen guten Restau-rants der Stadt das beste sei. Hier bekom-men Sie alles, was das Fischliebhaberherz begehrt! Eine besondere Delikatesse ist die norwegische Garnele, »Reke« genannt. Dazu trinkt man/frau das in Arendal ge-braute »Arendalspils«. Während der vielen Sonnentage im Sommer kann man seine Mahlzeit auch draußen auf der Terrasse einnehmen und gleichzeitig dem regen Treiben im Hafen Pollen zuschauen. Aber das »1711«, wie es auch kurz genannt wird, ist schon lange kein Geheimtipp mehr. Vorherige Anmeldung ist zu empfehlen.

WEITERE INFORMATIONEN

Restaurant 1711: Nefre Tyholmsvei 9a, N-4836 Arendal, Tel. +47/37 00 17 11, Öffnungszeiten: Mo–Sa 18–22.30 Uhr

6 Auf zwei oder vier Rädern, der Weg ist das Ziel

Die Nordseestraße von Kristiansand nach Stavanger

Der Nordsjøvegen, die Nordseestraße, wie die Küstenstrecke von Kristiansand nach Stavanger auch genannt wird, ist zwar die schnellste Verbindung zwischen den Städten, trotzdem sollte man sich dafür viel Zeit nehmen. Die Küste ist ungeheuer vielfältig. Sonnige Strände am Skagerrak werden von schroffen Felsküsten am Fedafjord abgelöst, die ihrerseits zu den Sandstränden und Wiesen Jærens überleiten.

Ochsenblut ist der traditionelle Grundstoff für die rote Farbe, mit denen die Holzhäuser wie hier am Fedafjord gestrichen wurden. Im Hinterland setzen bunte Blumenwiesen mit Lupinen und Stiefmütterchen farbige Akzente in der Landschaft. Am Meer erstrecken sich Dünen und Wiesen des Flachlands von Jæren, so weit das Auge reicht.

Von Kristiansand kommend ist Mandal das erste Etappenziel. Der kürzeste Weg führt über die E 39, doch der bleibt weit von der Küste entfernt. Die Schönheit der Landschaft erschließt sich erst demjenigen, der die Hauptstraße verlässt und die Strecke am Meer entlang wählt. Dort bewegt man sich, ob mit dem Fahrrad oder dem Auto, auf Straßen, die so wohlklingende Namen tragen wie Vagsbyveien, Røsstadveien oder Tredgeveien nach Mandal. Es ist eine der ältesten Städte Norwegens, vor allem aber die südlichste. Dass Mandal einmal eine Stadt werden sollte, war ursprünglich nicht geplant. Sie entstand um das Jahr 1500 als Verladestation für Holz, das hauptsächlich in die Niederlande expor-

tiert wurde. Später wurde eine kleine Siedlung daraus, die durch Holz- und Lachsexport zu Wohlstand kam. Der Besucher hat die Qual der Wahl, ob er sich für die Besichtigung des Ortskerns mit über 600 Holzhäusern, der größten Holzkirche Norwegens und der ehemaligen Sommerresidenz Risøbank des schottischen Lords Edvard Salvesen entscheidet oder für den Sjøsand, von dem behauptet wird, er sei einer der schönsten Strände Norwegens.

Naturerleben in Lyngdal und Umgebung

Nach einem Abstecher zum Südkap, von dem an anderer Stelle gesondert berichtet wird, gelangt der Reisende nach Lyngdal. Hier beginnt das Norwegen, wie man es sich gemeinhin

Auf zwei oder vier Rädern, der Weg ist das Ziel

vorstellt: Fjorde, Berge, Wälder, Seen. Am Ende des von bis zu 150 Meter hohen Felswänden eingefassten Åptafjords gelegen, ist Lyngdal eine typisch norwegische Kleinstadt. Der Ort selbst bietet mit Ausnahme des »Veggja Post-åpneri«, des kleinsten Postamts Norwegens, wenig Attraktives, er ist aber Ausgangspunkt für Wanderungen in das hügelige Hinterland. Nur wenige Kilometer von Lyngdal entfernt, für einen geübten Wanderer kein Problem, erreicht man den Kvåsfossen, einen aus 36 Meter Höhe die Felsen herabstürzenden Wasserfall. Im westlich von Lyngdal gelegenen Gebiet um Sklera erlebt man nicht nur urwüchsige Landschaft mit vielen kleinen Seen, sondern hat auch einen fantastischen Blick auf den Åptafjord und den Ort Farsund. Wer nicht nur wandern will, kann sich einer Safari zu den größten Hirschen der Welt, den Elchen, anschließen. Für wenig Geld bekommt man auch einen Angelschein, um im Lyngdalselva Meerforellen und Lachse zu angeln.

Per pedes auf dem Postkutschenweg

Auch wenn die Postkutsche schon lange nicht mehr fährt, ihr vor mehr als 200 Jahren gebauter Weg von Framwaren nach Herad ist nicht nur erhalten geblieben, sondern auch vor einiger Zeit als Wanderweg hergerichtet worden. Die Gemeinde Farsund hat die Strecke zum Kulturdenkmal erklärt. Wo früher die Postkut-

sche Staub aufwirbelte und die Passagiere kräftig durchgeschüttelt wurden, erlebt der Wanderer heute die Mittelgebirgslandschaft in aller Ruhe. Besonders schön ist der Ausblick auf den Framwarenfjord, an dessen Ostufer der Weg entlangführt.

Zurück in der Zivilisation, empfiehlt sich der Besuch von Flekkefjord, einer kleinen Stadt mit Geschichte. Schon zur Wikingerzeit hat es hier eine Siedlung gegeben, aufgeblüht ist die Stadt aber erst mit dem Beginn des Holzhandels im 17. Jahrhundert. Das Holz wurde in erster Linie nach Holland verschifft. Das hat seine Spuren bis heute hinterlassen. »Hollenderbyen«, die Holländerstadt, stammt aus der Zeit, als die norwegischen Schonerkapitäne ihren zweiten Wohnsitz in Holland hatten und von dort holländische Lebensart, Möbel und Mode in die Heimat mitbrachten.

Über schmale Straßen geht es weiter durch die zerklüftete Küstenlandschaft, vorbei an Fjorden, Schären und bis zu 400 Meter hoch aufragenden Felsdomen, bis sich die Landschaft plötzlich öffnet. Jæren ist erreicht, das Synonym für unendliche Sandstrände und Dünen. Landeinwärts erstrecken sich Wiesen, Weiden und Äcker. Das milde Klima und fruchtbarer Moränenboden sind dafür verantwortlich, dass hier die ältesten Siedlungsreste des Landes und über 600 Grabhügel aus der Eisenzeit gefunden wurden.

DER POSTKUTSCHENWEG BØENSBAKKENE

Der Framwarenfjord, an dessen Ostufer der Postkutschenweg entlangführt, ist das »Death Valley« Norwegens, denn am Eingang des 180 Meter tiefen Fjords liegt eine bis knapp unter die Wasseroberfläche reichende Schwelle, die den Wasseraustausch mit der Nordsee verhindert.
15 Meter unter der Wasseroberfläche ist das Wasser frei von Sauerstoff, eine tödliche Falle für alle Fische, die sich hier hinunterwagen.

WEITERE INFORMATIONEN

Farsund Touristeninformation:
Brogaten 7, N–4550 Farsund,
Tel. +47/38 38 20 00,
E-Mail: servicekontoret@farsund.kommune.no,
Internet: www.farsund.kommune.no
Lyngdal Fremdenverkehrsamt,
Stasjonsgaten 26
N-4580 Lyngda,
Tel. +47/38334833,
www.lyngdal.no

Von der Eiszeit glatt geschliffene und bis heute kahle Felsen, dazwischen Büsche und niedrige Bäume an den Ufern kristallklarer Seen. So präsentiert sich die Landschaft entlang des Nordsjøvegen wie hier am Tronasen.

Die Felsen Lindesnes sind nur spärlich bewachsen. Zu rau sind hier die Winde. Erst in einiger Entfernung vom Meer wachsen in geschützten Buchten Gräser und Blumen.

7 Kap Lindesnes 57° 58' 53" Nord

Das Leuchtfeuer im Süden

Angefangen hat die Geschichte des Leuchtfeuers am Kap Lindesnes mit einem einfachen Feuerkorb, der an einem erhöhten Punkt auf dem Felsen aufgestellt wurde. Das Feuerholz dazu musste der Feuerwächter von weit herholen, denn die Halbinsel Lindesnes ist ein völlig kahler Felsen. Nicht von ungefähr war aber dieses Leuchtfeuer das erste, das in Norwegen eingerichtet wurde. Zu viele Schiffe und kleinere Boote waren bei den häufigen Stürmen in der rauen See am Kap verloren gegangen.

Wer auf dem Nordsjøvegen unterwegs ist, kommt an einem Abstecher zum Kap Lindesnes, dem südlichsten Punkt Norwegens, nicht vorbei. Einige Kilometer südlich der E 39 am Ende der kleinen Halbinsel gelegen, ist der Leuchtturm aus dem Jahre 1655 nicht nur das südlichste, sondern auch das älteste Leuchtfeuer Norwegens. Heute steht auf den fast völlig vegetationslosen Felsen des Kap Lindesnes mit weitem Blick auf die aus der Nordsee anrollenden Wellen nicht mehr das Original, sondern ein Neubau aus dem Jahr 1915. Unter dem Leuchtturm befindet sich in einer Felsenhalle das nationale Leuchtfeuermuseum. Es bietet mit verschiedenen Ausstellungen und Filmen eine umfassende Darstellung zur Entwicklung und Geschichte nicht nur des Lindenes Fyr. Kenner bevorzugen das Frühjahr und den Herbst mit spektakulär anrollenden Wellen, stürmischen Winden und Salzgischt in der Luft um ausgedehnte Spaziergänge auf den Wanderwegen in der Nähe des Leuchtturmes zu unternehmen. Aber nicht nur Felsen prägen das Bild des Südkaps, in geschützten Buchten tun sich wunderschöne Sandstrände auf, die südlichsten Sandstrände des Landes. Sie laden zum Verweilen, aber auch zum Baden ein, wenngleich man sich immer vor Augen halten muss, dass sich Kap Lindesnes etwa auf der Höhe des nördlichsten Punktes in Schottland befindet, was den Norwegern jedoch allenfalls ein Schulterzucken entlockt. Das Nordkap ist immerhin noch 1719 Kilometer vom Südkap entfernt.

8 Schmankerl für Eisenbahnfreunde

Mit dem Dampfross ins Hinterland

Norwegen ist traditionell das Land der Wasserwege entlang der Küsten und in den Fjorden. Das schwer zugängliche, gebirgige Hinterland konnte dagegen Jahrhunderte lang nur auf schmalen Pfaden zu Fuß, auf Pferden oder mit Fuhrwerken erreicht werden. Das änderte sich erst 1853 mit dem Bau der ersten Eisenbahnlinie zwischen Oslo und Eidsvoll. 1896 wurde die 78 km lange Setesdalbahn zwischen Kristiansand und Byglandsfjord eröffnet, für Jahrzehnte das wichtigste Transportmittel der Region für Eisenerz und Holz.

Sie wurde aus mehreren Gründen als Schmalspurbahn mit der Spurweite 3 Fuß 6 Zoll, entsprechend 1067 mm, ausgeführt. Ausschlaggebend waren Kostengründe, denn Wagen und Lokomotiven einer Schmalspurbahn können kleiner und damit preisgünstiger ausgeführt werden, als die einer Normalspurbahn mit ihren 1.435 mm Spurweite. Auch die Kosten für die Gleistrasse und den Unterbau sind erheblich geringer. Die Setesdalbahn wurde zu einem wichtigen Verkehrsmittel, weil damit erstmals das Setesdal effizient erschlossen wurde. Nicht nur als Güterbahn war sie das wichtigste Transportmittel aus dem Hinterland nach Kristiansand, auch der Personenverkehr war von großer Bedeutung, denn nun konnte man an einem Tag von Byglandsfjord nach Kristiansand und wieder zurück reisen. Durch die Verlagerung des Verkehrs von der Schiene auf die Straße verlor die Bahn an Rentabilität und wurde 1962 stillgelegt. Lediglich die 8 Kilometer lange Teilstrecke vom nördlich von Kristiansand gelegenen Bahnhof Grovane bis Røyknes wurde zwei Jahre später als erste norwegische Museumsbahn in Betrieb genommen. Die Bahn verkehrt regelmäßig mit historischen Dampflokomotiven und Personenwaggons. Führungen durch den Bahnhof, den Lokomotivschuppen und die Werkstatt runden das Erlebnis Dampfrossfahrt ab.

INFO: Fahrpläne gibt es bei der Stiftung Stiftelsen Setesdalbanen Grovane in N-4700 Vennesla, Tel. +47/38 15 64 82, E-Mail: post@setesdalsbanen.no.

Schon seit 1901 ist die bei »Thunes Mekaniske Værksted« in Kristiania, dem heutigen Oslo, gebaute Lok auf der Setesdalbahnstrecke unterwegs. Liebevoll von ehrenamtlichen Eisenbahnfreunden restauriert und gepflegt, versieht die alte Dame immer noch zuverlässig ihren Dienst.

Alt und neu, verträumt und mondän gibt
sich Stavanger. Auf der einen Seite der
alte Hafen mit Fischerbooten und Yachten
(rechts unten), auf der anderen Seite das
futuristische Ölmuseum (oben).
In Dickens Kneipe gibt es nur eine, im
Kardinal Pub 400 verschiedene Biersorten
(rechts oben).

9 Von Sardinenbüchsen zum schwarzen Gold

Stavanger – Boomtown und Europäische Kulturhauptstadt

Stavanger, Norwegens Ölhauptstadt, hat ihre Wurzeln in der Wikingerzeit, woran das Denkmal »Schwerter im Berg« am Hafrsfjord in der Møllebukta erinnert. Die Geschichte berichtet, dass hier König Harald Hårfagre im Jahr 872 das Königreich einte. Das Stadtrecht datiert aus dem Jahr 1125, als der Dom fertiggestellt wurde. Aber schon vor 10000 Jahren folgten steinzeitliche Fischer und Jäger dem zurückweichenden Eisschild, der Norwegen bis dahin bedeckt hatte, und lagerten an den Stränden, hinter denen heute Stavanger liegt.

Die Stadt hat eine wechselvolle Geschichte hinter sich. Als 1120 mit dem Bau des Domes begonnen wurde, war Stavanger nicht mehr als eine Ansammlung kleiner Hütten am Ende der Bucht Vågen. Trotzdem wurde die Stadt zum Bischofssitz erhoben, weil sie die einzige nennenswerte Ansiedlung an der Südwestküste war. Stavanger wuchs sehr langsam. Am Beginn des 19. Jahrhunderts hatte es gerade einmal 2000 Einwohner und war nichtsdestoweniger die bedeutendste Stadt der Region. Über Jahrhunderte lebten die Bewohner von Fischfang und Handel. Berühmt wurde Stavanger durch die Konservenindustrie, die am Anfang des 20. Jahrhunderts ihre Blütezeit hatte. Zu der Zeit gab es über fünfzig Konservenfabriken, die ihre Produkte in alle Welt ex-

portierten. Großen Anteil am Bekanntheitsgrad der Konserven hatten die bunten, künstlerisch gestalteten Aufkleber auf den Dosen, die »Iddis«. Gelegentlich bezeichnen sich die Einwohner Stavangers selbst so. Im Jahr 2000 schloss die letzte Konservenfabrik. Eine von ihnen wurde jedoch als Hermetikmuseet, als Konservenmuseum, hergerichtet, in dem für die Besucher während der Saison vom 15. Juni bis 15. August jeweils dienstags und donnerstags Sardinen geräuchert werden.

Die neuen Wikinger

Tausend Jahre, nachdem die Wikinger mit ihren Drachenbooten Amerika entdeckt hatten, gab es im 19. und beginnenden 20. Jahrhundert einen weiteren Exodus aus Norwegen.

Von Sardinenbüchsen zum schwarzen Gold

Die Motive waren ähnlich: Armut und die Chancenlosigkeit, aus dieser Armut auszubrechen. Stavanger wurde zum Auswanderungshafen, von dem aus Tausende in die Neue Welt aufbrachen. Heute gibt es außerhalb Norwegens mehr norwegisch-stämmige Menschen als norwegische Staatsbürger. »Det norske Utvandrersenteret«, das Auswanderer-Dokumentationszentrum, hat diese Phase der norwegischen Geschichte akribisch aufgearbeitet, und fast täglich kommen Besucher auf der Suche nach ihren norwegischen Wurzeln dorthin.

Öl – Chance zum Neuanfang

Nach dem Niedergang der Konservenindustrie, die immerhin jahrzehntelang die größte der Welt war, hatte Stavanger Glück im Unglück. Das Meer, das die Stadt seit ihren Anfängen ernährt hatte, erwies sich erneut als wirtschaftliche Grundlage. Diesmal mit den reichen Öl- und Gasvorkommen, die nur etwa 300 Kilometer von Stavanger entfernt entdeckt wurden. Seit den 60er-Jahren des 20. Jahrhunderts sorgten sie für den neuerlichen wirtschaftlichen Aufschwung. Nicht nur Statoil, das größte norwegische Ölunternehmen, sondern auch viele internationale Firmen haben ihren Sitz in der Stadt. Die Bedeutung

des Öls nicht nur für Stavanger, sondern für ganz Norwegen, wurde folgerichtig mit der Einrichtung des Norsk Oljemuseum, des Ölmuseums, dokumentiert.

Kommerz und Kultur ...

... müssen sich nicht ausschließen. Stavanger bietet eine Fülle kultureller Veranstaltungen, die weit über Norwegens Grenzen hinaus bekannt sind. Zwei Beispiele stehen für das breite Angebot: Jedes Jahr im Mai findet das »Mai Jazz-Festival« statt, eine große internationale Veranstaltung für Jazzmusik, außerdem Anfang August das Internationale Kammermusik-Festival. Stavanger wurde nicht zuletzt deshalb für das Jahr 2008 gemeinsam mit Liverpool zur Europäischen Kulturhauptstadt berufen. Dazu tragen auch die liebevoll restaurierte Altstadt »Gamle Stavanger« bei mit ihren 173 erhaltenen kleinen Holzhäusern, welche die kopfsteingepflasterten Gassen säumen, sowie die Domkirche, der zweitgrößte romanische Kirchenbau in Norwegen nach dem Dom von Trondheim.
Dass auch die Frühgeschichte der Stadt nicht vergessen wurde, belegt der Wiederaufbau des »Jernaldergarden«, einer eisenzeitlichen Hofanlage aus der Zeit zwischen 550 bis 350 vor Christus.

NORSK OLJEMUSEUM

Im Norsk Oljemuseum, dem Norwegischen Ölmuseum, erfahren Sie, wie das heute geförderte Öl sowie Gas vor Millionen von Jahren entstanden sind und wie beides heute vor der norwegischen Küste gefördert wird. Sie erhalten Einblicke in die Technologie, die Dimensionen, die harte Arbeit. Sie können eine virtuelle Reise auf der Nordsee machen und bekommen einen Eindruck vom Leben auf einer Ölbohrinsel. Für Kinder gibt es eine eigene Bohrinsel, Småtroll, die immer auf der Suche nach neuer Mannschaft ist.
Im kleinen Museumsladen werden Souvenirs verkauft. Im Museumscafé und Restaurant »Bølgen og Moi« können Sie sich von den Strapazen der Öl- und Gasförderung erholen.

WEITERE INFORMATIONEN

Norsk Oljemuseum: Kjeringholmen, N–4001 Stavanger, Tel. +47/51 93 93 00, Internet: www.norskolje.museum.no, Öffnungszeiten: 1.6.–31.8./10–19 Uhr; 1.9.–31.5./werktags 10–16 Uhr, So 10–18 Uhr

10 Der Lysefjord – heller Granit und dunkles Wasser

Von der Macht des Eises und des Wassers

Der Lysefjord ist einer der spektakulärsten Fjorde Norwegens. Bis zu 1000 Meter ragen die von den eiszeitlichen Gletschern glatt geschliffenen und polierten Granitwände beidseits des Fjords steil in die Höhe. Nur an wenigen Stellen war am Fuße der Felsen genügend Platz für eine bescheidene Landwirtschaft. Heute sind viele dieser Anwesen verlassen, weil sich die Landwirtschaft dort nicht mehr lohnt.

Aus der Not eine Tugend hat der Landwirt gemacht, der seinen Hof hoch oben auf den Felsen des Lysefjordes hat. Er lässt seine Ziegen am schmalen Ufer des Fjordes weiden (rechts unten). Als Attraktion für die Touristen werden sie dort von den Kapitänen der Ausflugsboote gefüttert, bevor wieder steile Felsen und Wasserfälle die Aufmerksamkeit auf sich ziehen.

Mit 40 Kilometern Länge bleibt der Lysefjord weit hinter dem 204 Kilometer langen Sognefjord oder dem immerhin auch noch 179 Kilometer langen Hardangerfjord zurück, doch tut das seiner Faszination keinen Abbruch. Lysefjord bedeutet so viel wie heller Fjord, ein Name, der auf die hellgrauen Granitfelsen Bezug nimmt, die ihm sein charakteristisches Gepräge geben. Den Kontrast dazu bietet das dunkle, bis zu 500 Meter tiefe Wasser des Fjordes.

4444 Stufen oder 27 Haarnadelkurven

Mit dem Schiff, dem Auto oder auch zu Fuß erschließt sich der Fjord dem Besucher. Von Stavanger führt eine Fährverbindung zunächst in den Høgsfjord nach Südosten und dann bei Oanes nach Nordosten in den Lysefjord. Hier kann der erste Stopp eingelegt werden, um im Lysefjordsenter einen Einblick in die Geologie und Geschichte der Region zu erhalten. Weiter geht es bis zur kleinen Ortschaft Fløri. Hier wurde erstmals von 1917 bis 1921 mit enormem technischem Aufwand ein Wasserkraftwerk in den Fels gebaut. Es wurde 1999 durch einen Neubau ersetzt, der auch besichtigt werden kann. Hier haben sportliche Naturen die Möglichkeit, die Klippen zu Fuß zu erklimmen. 4444 Stufen führen von der Wasserlinie bis zum Klippenrand, von wo sich ein großartiger Blick über den Fjord bietet. Bei Kjerag, etwa 5 Kilometer vor dem Ende des Fjordes, errei-

Der Lysefjord – heller Granit und dunkles Wasser

LEBEN VOR 3000 JAHREN

Am Eingang des Lysefjordes liegt der kleine Ort Forsand, der nicht nur als Fährort in den Lysefjord interessant ist. Hier wurden Siedlungsreste von Menschen gefunden, die in der Zeit zwischen 1500 v. Chr. bis 600 n. Chr. in der Siedlung Landa gelebt haben. Seit 1995 werden die Gebäude Stück für Stück rekonstruiert und als »Freilichtmuseum zum Anfassen« eingerichtet, darunter die Gildehalle und die Schmiede. Nirgendwo sonst in Norwegen ist die Geschichte von der Bronzezeit bis zum Beginn des Mittelalters so umfassend dokumentiert. Die Besucher können an Führungen durch das Dorf teilnehmen oder die Siedlung auf eigene Faust erkunden. Vorträge und Ausstellungen zu Sonderthemen runden das Angebot ab.

chen die nahezu senkrecht abfallenden Steilwände an der Südseite eine Höhe von 1084 Metern. Am Ende des Fjordes angekommen, findet man die kleine Ortschaft Lysebotn, die im Wesentlichen aus Ferienhäusern und einem Campingplatz besteht. Das ist jedoch nicht das Besondere an diesem Ort, sondern die von dort in 27 Haarnadelkurven fast 900 Höhenmeter überwindende, in das obere Sirdal führende Straße. Sie folgt dem legendären Skinnvegen, dem Fellweg, einem der ältesten Handelswege Norwegens. Auf ihm brachten Jäger die Felle der von ihnen im Hochland erlegten Tiere an die Küste.

Klettern, nicht predigen

Eine von jährlich fast 100 000 Menschen besuchte Attraktion im Lysefjord ist der Prekestolen, der Predigtstuhl. 604 Meter über dem Fjord hat man von der nur etwa 25 Meter langen und genauso breiten Felsplattform einen weiten Blick bis nach Stavanger, die umliegenden Gebirge und den Lysefjord. Allerdings sollte man schwindelfrei sein, denn die Felswand stürzt senkrecht in die Tiefe, und die Plattform ist nicht einmal durch einen symbolischen Zaun gesichert. Kletterer haben die Steilwand für sich entdeckt und versuchen den kürzesten Weg hinauf zu finden. Aber auch

schon der reguläre Weg dorthin ist im wahrsten Sinne des Wortes mit Steinen gepflastert. Die Wanderung von Botne, einem kleinen Ort am Fuße des Prekestolen, führt zunächst über einen steilen Weg entlang eines Höhenrückens, dann durch sumpfigen Wald zur Urskarshöhe auf 408 Metern und weiter über ein Geröllfeld zum Neverdalsskaret-Pass und zur Plattform des Predigtstuhls. Der Blick entschädigt für alle Mühen. Schon auf dem Weg nach oben beobachtet man mit etwas Glück Schneehühner, Seeadler oder sogar einen Elch. Wer weder klettern noch laufen will, kann den Aufstieg auch auf dem Rücken eines Pferdes erleben, das man bereits in Stavanger buchen kann.

Der Prekestolen entstand am Ende der letzten Eiszeit und ist das Ergebnis der Arbeit von Eis und Wasser. Vor etwa 10 000 Jahren, als die Gletscher, die den gesamten Fjord ausgefüllt hatten, langsam zu schmelzen begannen, drang Schmelzwasser in Klüfte und Spalten der Felsen, gefror wieder und dehnte sich dabei aus. Dieser Vorgang wiederholte sich viele Male, bis große Blöcke regelrecht abgesprengt worden waren, ein Prozess, der auch heute noch nicht abgeschlossen ist. Allerdings besteht keine Gefahr, dass der Prekestolen zusammenbricht.

WEITERE INFORMATIONEN

Lysefjordsenteret AS, N-4110 Forsand:
Tel.: +47/51 70 31 23,
Fax: +47/51 70 37 50,
E-Mail: info@lysefjordsenteret.no,
Internet: www.lysefjordsenteret.no

II Hardangervidda – die Hochebene im Herzen Norwegens

Ein Paradies für Rentiere

Bis weit in den Juni hinein halten sich einzelne Schneefelder auf der Hardangervidda. Erst dann werden die Findlinge
sichtbar, die von den Gletschern der Eiszeit hier zurückgelassen wurden (rechts).
Dann ist die Landschaft von kahlen Felsen,
niedrigen Büschen und einzelnen Birken
geprägt.

15 000 Rentiere, die größte wild lebende Population Norwegens, leben heute noch auf der Hardangervidda, gemeinsam mit weiteren 23 Säugetierarten, darunter Luchs, Polarfuchs, Vielfraß, Schneehase und Berglemming. Sie alle finden hier ideale Lebensbedingungen vor. Kein Wunder also, dass die Hochebene bereits vor etwa 8000 Jahren von nomadisierenden Jägern besiedelt war, die den Rentierherden nach dem Ende der Eiszeit auf die Hochebene folgten.

Mehr als 9000 Quadratkilometer umfasst die Hardangervidda, die damit die größte Hochebene Europas ist. Das Bundesland Saarland würde dreieinhalbmal dort hineinpassen. Während sich im Saarland aber mehr als eine Million Menschen drängeln, ist diese Region fast menschenleer. Eine einzigartige Landschaft, offen, wild und weitgehend naturbelassen, mehr als 1000 Meter über dem Meer gelegen. Unzählige Bäche und Flüsse durchziehen das Land. Sie sind ausgesprochen fischreich, genauso wie die vielen Seen, Weiher und Tümpel, die in die Tundralandschaft eingebettet sind. Die Hardangervidda hat eine 550 Millionen Jahre alte Geschichte. Sie be-

ginnt in der Zeit, als die Kontinentalplatte, auf der sich das heutige Norwegen befindet, noch südlich des Äquators lag und die Hochfläche Teil des Meeresbodens war. Im Laufe der Jahrmillionen verschoben sich die Platten, und die Hardangervidda wurde über den Meeresspiegel angehoben. Das heutige Bild der Landschaft ist das Ergebnis der »Arbeit« von Gletschern, die das Gebiet während der letzten Eiszeit regelrecht abschliffen. Nur einige sanft ansteigende Gipfel konnten der Kraft der fließenden Eismassen widerstehen. Der Sandfløggi ist mit 1719 Metern die höchste Erhebung. Schroffere Abschnitte gibt es nur im höheren westlichen Teil der Hardangervidda,

dort, wo die Ebene zum Sørfjord und zum Eidfjord hin abfällt. Nur wenige Siedlungen und Straßen unterbrechen das Bild. Die Norweger sind sich der Schönheit und Einmaligkeit dieser Landschaft wohl bewusst und haben 1981 mehr als ein Drittel der Hardangervidda als Nationalpark ausgewiesen. Der Hardanger-Nationalpark ist mit seinen 3422 Quadratkilometern der größte Nationalpark Norwegens.

Arktis in Europa

So warm und sonnig der Sommer auf der Hardangervidda auch sein kann, der Winter stellt Pflanzen und Tiere dieser Region auf eine harte Probe. Arktische Kälte sorgt dafür, dass hier nur vergleichsweise wenige Arten überleben können. Dazu zählen die Rentiere. Sie haben sich im Laufe der Evolution an das Leben in Schnee und Eis angepasst. Mit ihren breiten Hufen sinken sie auch im weichen und tiefen Schnee kaum ein, und durch die scharfen Kanten der Hufe sind sie in der Lage, selbst verharschten Schnee aufzukratzen, um an die Gräser, Kräuter und vor allem Flechten zu gelangen, von denen sie leben. Selbst niedrigste Vegetation können sie abweiden, allerdings um den Preis, dass sich die Zähne vorzeitig ab-

nutzen, weil mit den Pflanzen auch Sand und kleine Steine aufgenommen werden. Kaum ein Rentier stirbt daher an Altersschwäche. Es verhungert oder wird das Opfer von Räubern wie Luchs und Vielfraß, die sofort zur Stelle sind, wenn ein Tier krank oder schwach wird. Der Vielfraß hat seinen Namen nicht etwa deshalb, weil er viel frisst, die deutsche Bezeichnung leitet sich vielmehr vom norwegischen Wort Fjellfross ab: Fjell für Hochland und Fross für Katze, also Hochlandkatze. Allerdings ist der Vielfraß keine Katze, sondern zählt zu den Mardern. Für die hier an ihrer südlichen Verbreitungsgrenze lebenden Polarfüchse sind Rentiere in der Regel als Beute zu groß. Sie ernähren sich hauptsächlich von Berglemmingen, den am besten an das arktische Klima angepassten Nagetieren. Die Berglemminge halten keinen Winterschlaf, sondern bauen ein Tunnelsystem unter dem Schnee, um an ihre Nahrung zu kommen. Die Schneeschicht bildet einen idealen Schutz gegen Kälte und Wind, sie bewahrt die Tiere aber nicht davor, von Polarfüchsen und Schnee-Eulen aufgespürt zu werden, denn beide haben so feine Ohren, dass sie die Nager unter der Schneedecke laufen hören. Die hohen Verluste durch ihre Feinde machen die Berglemminge jedoch durch ihre Vermehrungsrate mehr als wett. In Jahren mit günstigem Nahrungsangebot vermehren sie sich so stark, dass sie nicht einmal durch ihre Fressfeinde »in Schach gehalten« werden können. Dann brechen riesige Mengen von ihnen auf, um neue Lebensräume zu erobern, die meisten von ihnen kommen jedoch auf diesen Wanderungen um.

Beobachtung von Doppelschnepfe und Co.

Anders als die Berglemminge ziehen die meisten der in der Hardangervidda lebenden Vögel im Winter in den Süden. Es sind nicht sehr viele Arten, die man hier während der Brutzeit oder auf dem Zug von und nach Norden antrifft, aber die »Birder«, wie die enthusiastischen Vogelbeobachter auch genannt werden, kommen hier auf ihre Kosten. Deren Beobach-

Bunte Krustenflechten überziehen die Felsen und sorgen für Farbtupfer in der Landschaft (unten), wenn der Winter die Hardangervidda aus seinem eisigen Griff entlässt.

tungslisten lesen sich wie das »Who's who« der Vogelprominenz, vom Rotsternigen Blaukehlchen über die Falkenraubmöwe bis zum Merlin, dem Falken und zur Schellente, die in Baumhöhlen brütet. Schnee-Eule, Doppelschnepfe, Schneehuhn und Odinshühnchen sind weitere Prominente. Die beste Zeit für Vogelbeobachtungen ist von Mitte Juni bis Mitte Juli. Dann sind bereits die in der Hardangervidda brütenden Vögel angekommen, und gleichzeitig rasten noch viele Durchzügler hier, die noch weiter in den Norden wollen.

Moltebeeren – ein süßes Geheimnis

Auch die Botaniker sind hier in ihrem Element. Nirgendwo sonst in Kontinentaleuropa finden sie so viele arktische Pflanzen wie hier. Insgesamt wurden in der Hardangervidda rund 450 verschiedene Pflanzenarten registriert, darunter auch solche, die ansonsten nur sehr viel weiter nördlich auf der Bäreninsel, auf Spitzbergen oder in Nordsibirien verbreitet sind. Während der niederschlagsreichere westliche Teil der Hardangervidda noch eine vergleichsweise üppige Vegetation aus Gräsern, Kräutern und kleinen Zwerggehölzen aufweist, ist der östliche und nördliche Teil schon fast als arktische Tundra zu bezeichnen. Berühmt sind alle Bereiche wegen des Vorkommens der Molte-

beere, die fast in Gold aufgewogen wird. Jeder Norweger, der weiß, wo Moltebeeren wachsen, behält dieses Wissen für sich. Zur Reifezeit Ende Juli geht er schon im Morgengrauen los, um die Früchte zu sammeln. Man kann Moltebeeren roh essen oder zu Marmelade und Gelee verarbeiten. Sie sind reich an Vitaminen und Spurenelementen und wurden von Seeleuten aufgrund ihres hohen Gehaltes an Vitamin C als wirksames Mittel gegen Skorbut angesehen. Es kommt hinzu, dass sie wegen der in ihnen enthaltenen Benzoesäure gut lagerfähig sind, also auch lange Seereisen überdauern können, ohne zu verderben.

Eine Landschaft für Naturbegeisterte

Wandern, Angeln, Skifahren, Vogelbeobachtung, alles das bietet die Hardangervidda. Ein 1200 Kilometer langes Netz von Wanderwegen durchzieht die Hochebene, das vom DNT (Den Norske Turistforening) betreut wird. Die Wanderwege folgen häufig uralten Handelswegen, die schon seit Jahrhunderten genutzt wurden. Bereits 1879 wurde die erste Wanderhütte errichtet, heute sind es fast 40. Die meisten dieser zum Teil bewirtschafteten Hütten befinden sich im Nationalpark. Sie bieten alles, was der Wanderer braucht: Bett, Waschgelegenheit und Verpflegung.

»BEGREIFBARE« NATUR IM HARDANGERVIDDA NATURSENTER

In Eidfjord, am Fuße des Wasserfalles von Vøringsfossen, findet man das Naturschutzzentrum Hardangervidda. In dem auch architektonisch außergewöhnlichen Gebäude erhält der Besucher einen umfassenden Einblick in die Geologie, Biologie und Kultur der Hardangervidda. Verstaubte Museumsatmosphäre gibt es hier nicht. Im wahrsten Sinne des Wortes »begreifbare« Natur wird hier geboten, unterstützt durch technisch und didaktisch auf höchstem Niveau stehende Multimedia-Angebote. Auch für das leibliche Wohl wird gut gesorgt. Im Restaurant des Naturschutzzentrums werden typisch norwegische Gerichte angeboten, deren Zutaten soweit möglich aus der Region stammen. Das Restaurant hat sich auch einen Namen als Treffpunkt für die ortsansässigen Bewohner gemacht.

WEITERE INFORMATIONEN

Hardangerviddahallen: N–5784 Øvre Eidfjord, Tel. +47/53 67 40 00, E-Mail: post@hardangervidda.org, Internet: www.hardangervidda.org

12 Berge, Seen und Wasserfälle

Exkursion ins Innere des Hordalands

Auch die Wege von einem Highlight Norwegens zum anderen können selbst wiederum Highlights darstellen. Eines der besten Beispiele dafür ist die Route von der Hardangervidda über die E 134 und R 13 in Richtung Bergen. Stationen zum Verweilen und Abstecher in die Umgebung sind Haukeliseter am Rande des Hardangervidda-Nationalparkes, Røldal mit seiner Stabkirche und Odda am Ende des Sørfjordes.

Schneebedeckte Berge, nackte Felsen, Moose, Flechten und mittendrin der Røldalsvatnet. Auf dem Weg nach unten ein Stopp beim einem der vielen namenlosen Wasserfällen dann ist man wieder in der Zivilisation.

Mit den noch frischen Eindrücken von der Hardangervidda ist Haukeliseter das erste Etappenziel auf dem Weg nach Bergen. Noch befindet man sich in der Provinz Telemark, aber die Grenze zu Hordaland ist nicht weit. Haukeliseter selbst ist weniger interessant, aber es bietet die notwendige Infrastruktur mit Hotels, Pensionen und Campingplätzen. Von hier aus kann man wunderschöne Wanderungen in die malerische Umgebung unternehmen. Kein Geheimtipp mehr, aber immer noch gut und gern besucht ist die »Haukeliseter Fjellstove«. Dort erhält man neben Wanderkarten und anderem Informationsmaterial über die Region auch deftige norwegische Mahlzeiten.

Durch den Tunnel oder über den Pass

Kurz hinter der Grenze zur Provinz Hordaland hat man die Qual der Wahl. Entweder man nutzt den knapp 6 Kilometer langen Haukelitunnel oder befährt die alte, vor über 120 Jahren gebaute Straße über den 1148 Meter hohen Dyrskar-Pass. Bei gutem Wetter sollte man sich auf jeden Fall für Letztere entscheiden, denn der Ausblick von dort oben ist grandios. Auch im Hochsommer liegt hier noch an vielen Stellen Schnee, dazwischen blühen Steinbrechgewächse, Silberwurz und Läusekraut. Zwergbirken und Kriechweiden bilden nur wenige Zentimeter hohe Wälder. Im Herbst werden die Wälder von den in ihnen wachsenden Steinpilzen und Maronen überragt. Wenige Ki-

Nicht nur Kaiser Wilhelm II. kam im 19. Jahrhundert regelmäßig nach Odda, um die Schönheit der Landschaft zu genießen, auch andere Adelige aus ganz Europa trafen sich hier. Mit dem Beginn der Industrialisierung in Odda wurde der Niedergang des Luxustourismus in der Stadt eingeleitet. All die echten Adeligen und der Geldadel, der sich ebenfalls dort hingezogen fühlte, blieben aus. Dies war allerdings zu verschmerzen, denn die Schwerindustrie brachte wesentlich mehr Geld in die Stadt als die Luxusgäste. Die Geschichte dieses Wandels von 1850 bis heute wird im sehenswerten Industriemuseum Oddas mit Filmen, Ausstellungen und Vorträgen sehr anschaulich dargestellt. Restaurierte Arbeiterwohnungen aus der Zeit von 1910 bis 1950 ergänzen das Informationsangebot.

lometer weiter beginnt der Abstieg in Richtung Røldal. Auch hier steht man vor der Entscheidung: Tunnel oder Straße. Wer die Straße wählt, fährt auf der streckenweise nur 3,5 Meter breiten Asphaltpiste mit sieben engen Haarnadelkurven talwärts.

Die Røldal-Stabkirche – zu Unrecht fast vergessen

Die meisten Touristen fahren an Røldal vorbei, ohne zu wissen, dass der Ort mit seiner Stabkirche ein echtes Kleinod besitzt. Der Bau wird wie die meisten anderen Stabkirchen in Norwegen vom Norwegischen Verein für Denkmalpflege unterhalten. Zu Anfang des 13. Jahrhunderts erbaut, ist sie eines der »jüngeren« Exemplare ihrer Art. Sie besticht durch bunte Wandmalereien, die zuletzt 1917 im Rahmen einer Grundrenovierung restauriert wurden. Aus dem Mittelalter erhalten sind das Taufbecken aus Speckstein und ein Kreuz, dem Wunderkräfte zugeschrieben werden. Noch im 19. Jahrhundert pilgerten jedes Jahr Hunderte von Menschen nach Røldal, um sich mit dem Schweiß des Christus am Kreuz zu benetzen, der auf dessen Stirn erschien. Sie erhofften sich dadurch Heilung von ihren Krankheiten. Das »Wunder« hatte aber einen ganz profanen Hintergrund: Es handelte sich um Kondenswasser.

Noch einmal über den Berg

Von Røldal führt die alte Hordalia-Bergstraße noch einmal auf etwa 1000 Meter Höhe über den Hordabrekkene. Auch hier sind gute Nerven erforderlich, um die 10 Prozent Steigung zu überwinden. Wer sie nicht hat, fährt durch den Tunnel unter dem Røldalsfjell hindurch. Oben hat man einen fantastischen Ausblick auf den Buerbreen, einen Ausläufer des Folgefonn-Gletschers, der mit 214 Quadratkilometern Fläche der drittgrößte Gletscher Norwegens ist. Von dort aus geht es wieder steil bergab in das Jøsendal und über die R 13 in Richtung Odda.

165 Meter im freien Fall

Bereits im landschaftlich reizvollen Oddadalen angekommen, führt der Weg am Låtefossen vorbei, dessen Wasser aus 165 Meter Höhe herabstürzt. Ein beständiger Wasserschleier überzieht die Straße und den kleinen Kiosk, der dort für die Besucher aufgestellt wurde. Der Låtefossen wird aus dem See Låtevatn gespeist und wurde wegen seiner Schönheit unter Naturschutz gestellt. Er ist aber keineswegs der einzige Wasserfall auf dieser Route. Drei weitere Wasserfälle liegen auf dem Weg, bevor Odda erreicht wird.

Von der Sommerfrische des Adels zum Industriezentrum

WEITERE INFORMATIONEN

Odda Turistinformasjon: N–5751 Odda, Postfach 114, Tel.: +47/53 65 40 05, E-Mail: turistkontor@odda.kommune.no, Internet: www.visitodda.com

Während auf dem Dravdalvatnet bis in die Sommermonate hinein Schnee und Eis vorherrschen, empfängt den Besucher im Osefjord und im Sørfjord, Nebenarmen des Hardangerfjord, eine liebliche Landschaft mit bunten Häusern, grünen Berghängen, kristallklarem Wasser und blühenden Apfelbäumen (rechts unten).

13 Landschaft der Gegensätze – der Hardangerfjord

Natur und Kultur am »König der Fjorde«

Mit einer Länge von 179 Kilometern ist der Hardangerfjord der zweitlängste Fjord Norwegens. Das macht aber seinen Reiz nicht aus. Es ist die vielfältige Landschaft mit Wasserfällen, Gletschern, Wiesen, Weiden und Obstgärten, die ihn weit über Norwegen hinaus bekannt gemacht hat. Nicht umsonst wird er der König der Fjorde genannt. Edvard Grieg verbrachte hier viele Sommer und ließ sich inspirieren.

Der Hardangerfjord öffnet sich südlich von Bergen und führt in nordöstlicher Richtung tief in das gebirgige Herz Norwegens hinein, bis er bei Eidfjord, am Ende des gleichnamigen Nebenfjords, direkt an das Hochplateau der Hardangervidda heranreicht. Mehrere andere Nebenarme zweigen vom Hardangerfjord ab, der längste davon ist mit 50 Kilometer Länge der Sørfjord.

Wie ein Keil schiebt sich die Folgefonn-Halbinsel von Süden zwischen den Hardangerfjord und den Sørfjord. Auf ihr befindet sich der drittgrößte Gletscher Norwegens, der Folgefonna. Sein höchster Punkt liegt bei 1662 Meter, das Ende der Gletscherzunge reicht bis 400 Meter herunter. Der Gletscher und weite Teile der Umgebung wurden 2005 zum Nationalpark erklärt.

Von Eis und Wasser geformt

Seine heutige Form verdankt der Hardangerfjord den Kräften des Eises und des Wassers. Als vor etwa 10 000 Jahren, am Ende der Eiszeit, das große Tauen begann, hatte das Eis bereits tiefe Täler ausgehobelt, deren tiefer gelegenen Bereiche nun vom Schmelzwasser geflutet wurden. Unter dem Eis stieg der Wasserspiegel in diesen Tälern immer weiter an, bis sich die Wassermassen schließlich einen Abfluss suchten. Sie durchbrachen die durch die Gletscher aufgeschobenen Moränenwälle, rissen das über ihnen liegende Eis mit sich und fanden ihren Weg in den Atlantik.

Der tiefste Punkt des Hardangerfjordes liegt daher nicht im Bereich seiner Mündung, sondern mitten im Fjord bei dem Ort Norheimsund.

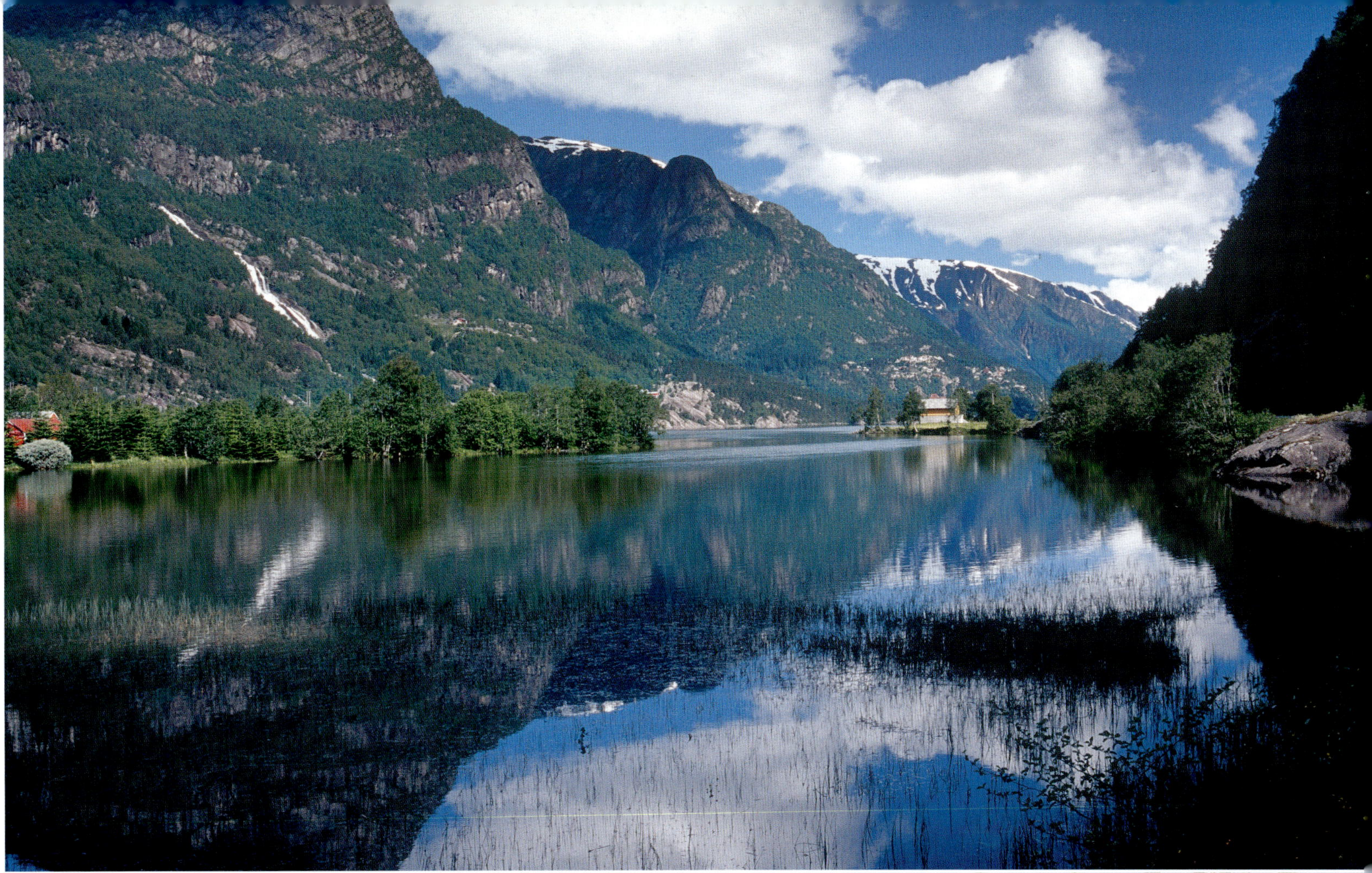

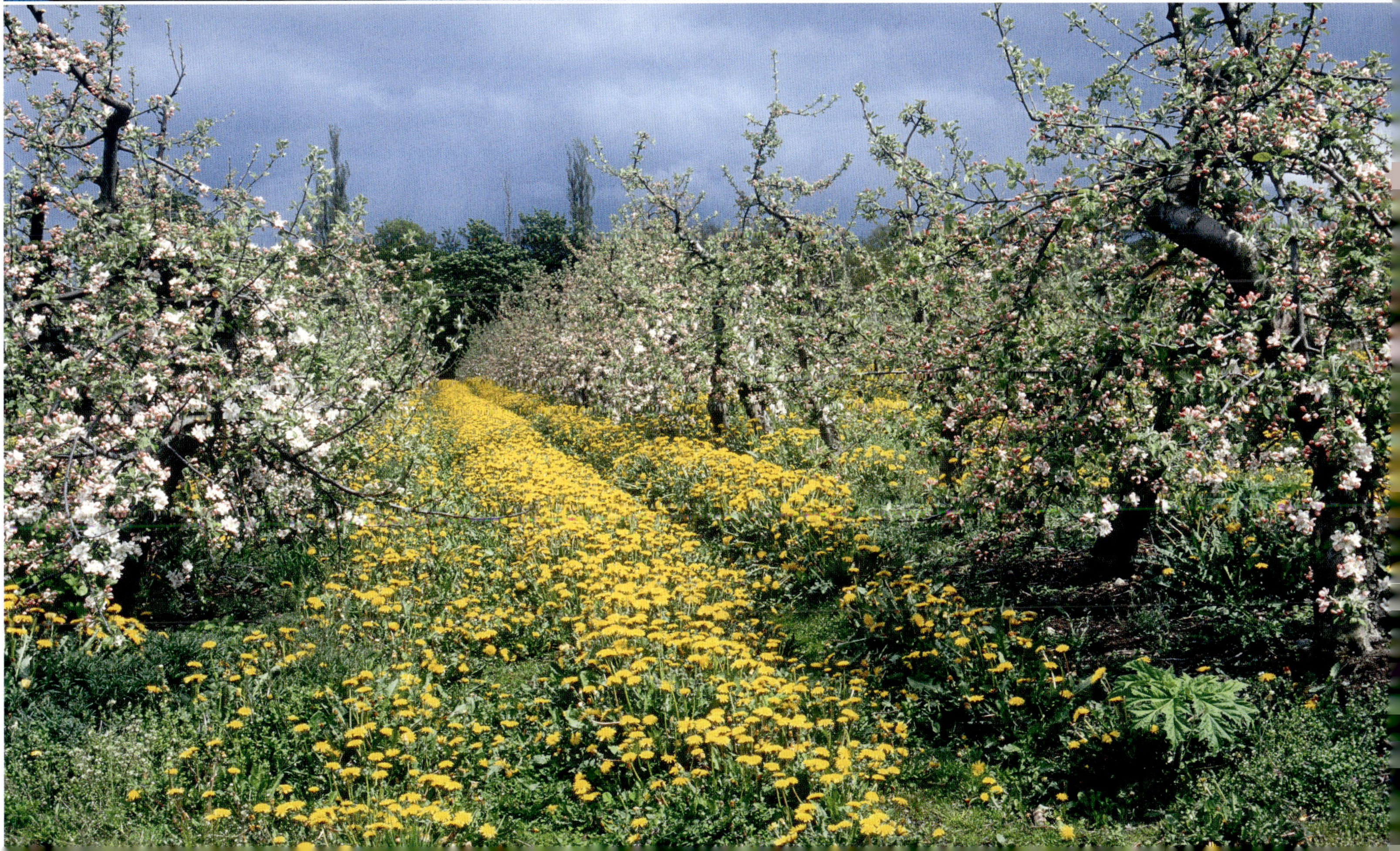

Wasserfälle mit Abschaltautomatik

Heute macht man sich die Kraft des Elements zunutze. Das von der Hardangervidda in den Fjord abfließende Wasser wird zur Stromerzeugung verwendet. Der Bau des ersten Elektrizitätswerks wurde 1918 vollendet; es bildete die Grundlage für die Industrialisierung der Region um Odda und war bis 1989 in Betrieb. Zwischenzeitlich sind nahezu alle Wasserfälle »gebändigt«. Der Ringedalsvatn, ein riesiger Stausee nahe Tyssedal, ließ die Wasserfälle Tyssestrengene und Ringedalsfossen, die noch im 19. Jahrhundert mit 160 Meter bzw. 300 Meter Fallhöhe eine weithin bekannte Attraktion waren, versiegen. Andere Wasserfälle sind zum Glück erhalten geblieben. Darunter der Vøringfossen, der zu den meistbesuchten Sehenswürdigkeiten Norwegens zählt. Zwar wird auch die Kraft seines Wassers inzwischen durch den Sysendamm zur Stromerzeugung gebraucht, während der Touristensaison vom 1. Juni bis zum 15. September stürzen jedoch immer noch mindestens 12 Kubikmeter Wasser pro Sekunde den Berg hinab. Schon von unten bietet der Wasserfall einen grandiosen Anblick. Wer ihn auch noch von oben betrachten möchte, kann 1500 Stufen auf dem alten, früher von Packpferden genutzten Pfad nach oben auf das Mabøfjell hinaufsteigen. Die Mühe lohnt sich, denn man wird durch einen grandiosen Ausblick belohnt.

Blüten und Eis

Wie auch in anderen Bereichen Norwegens begann die Besiedlung der eisfreien Täler recht schnell. Zunächst erschienen die eiszeitlichen Jäger und Sammler. Später wurden die fruchtbaren Böden landwirtschaftlich genutzt, und auch heute noch spielt die Landwirtschaft eine große Rolle. Die geschützte Lage innerhalb der Täler macht sogar Obstbau möglich, sodass der Hardangerfjord auch als Obstgarten Norwegens gilt. In jedem Frühjahr pilgern Tausende Norweger und ausländische Gäste zur Obstblüte. Allein in der Gemeinde Ullensvang, nördlich von Odda an der Ostseite des Sørfjords gelegen, blühen 500 000 Obstbäume, vorwiegend Apfel- und Kirschbäume. Der Folgefonn-Gletscher bildet dabei eine gewaltige Kulisse für die im Mai und Juni blühenden Obstbäume. Die Bäume sehen nicht nur schön aus, auch ihr Obst schmeckt sehr gut. Zur Reifezeit wird es von den Bauern an der Straße verkauft. Ein eigenes Zentrum für Obstbauforschung sorgt dafür, dass die Qualität des Obstes stimmt und Besucher informiert werden.

Hier muss es Fisch sein

Wer sich nicht nur von Obst ernähren will, kommt am Fisch aus dem Hardangerfjord nicht vorbei. Der Fjord gehört zu den vier größten Fischzuchtregionen der Welt. 40 000 Tonnen Lachse und Regenbogenforellen werden hier jedes Jahr in Fischfarmen »produziert« und kommen frisch auf den Tisch der vielen kleinen Restaurants und Hotels. Wer sich sein Essen durch Arbeit verdienen will, kann auch selbst auf Angeltour gehen, denn nicht nur die Zuchtfische fühlen sich im Hardangerfjord wohl. Lachs, Aal, Butt, Dorsch und ein halbes Dutzend anderer Fischarten hat man mit ein wenig Glück am Haken. Sie alle lassen sich zu schmackhaften Gerichten verarbeiten.

Im Utne Hotel scheint die Zeit stehen geblieben zu sein. Das behutsam restaurierte, inzwischen auch denkmalgeschützte Gebäude hat den Charme des 18. und 19. Jahrhunderts über die Zeiten erhalten. Überall wird deutlich, mit wie viel Liebe das kulturelle Erbe gepflegt wird.

Auf den Spuren von Thomas Cook

Auch wenn viele kleine Orte beiderseits des Hardangerfjordes und seiner Nebenfjorde wie Perlen auf einer Kette aneinander gereiht sind, ist die Region bis heute nur halb so dicht besiedelt wie der Landesdurchschnitt. Neben der Landwirtschaft spielt der Tourismus eine große Rolle. Hier liegt die Wiege des norwegischen Fremdenverkehrs, denn bereits 1875 veranstaltete Thomas Cook wöchentliche Seefahrten von London zum Hardangerfjord.

Diese Tradition hat in den letzten drei Jahrzehnten eine Renaissance erlebt. Vorsichtig wird die Infrastruktur für den Tourismus entwickelt. Im Vordergrund steht dabei das Naturerleben. Boots- und Angeltouren, Wandern – der Fjord bietet für jeden etwas.

Für Wintersportler wurde auf dem Folgefonn-Gletscher ein Sommerski-Zentrum mit Norwegens längstem Gletscherskilift eingerichtet.

Wer sich für die Geschichte der Region interessiert, dem sei der Besuch des Hardanger Folkemuseum in Utne angeraten. Hier entstand ein Dorf, wie es bis zur Mitte des 19. Jahrhunderts typisch war.

Eine vermutlich aus dem 13. Jahrhundert stammende Rarität ist die Årstove, ein Blockhaus mit offener Feuerstelle. Ebenfalls in Utne steht das »Utne Hotel«, das bereits 1722 als Gasthof eingerichtet und 1849 zu einem Hotel erweitert wurde. 250 Jahre befand es sich im Familienbesitz, bevor das inzwischen unter Denkmalschutz stehende Gebäude von einer Stiftung übernommen wurde.

Tradition, Musik und Tanz

Tradition wird groß geschrieben im Hardangerfjord. Berühmt sind die Trachten, die an Festtagen und bei Hochzeiten getragen werden. Die Blusen und Schürzen der Frauen sind mit der Hardangerstickerei verziert, einer Durchbruchstickerei, die ihren Ursprung in Persien hat und im 14. Jahrhundert über Italien auch nach Norwegen kam. Jede Familie hat im Laufe der Zeit ihre eigenen geometrischen Muster geschaffen, außerdem wird hier nur Weiß auf Weiß gestickt. An Festtagen und bei Hochzeiten zeigen die Norweger, dass sie feiern können. Zu den Klängen der Hardangerfiedel wird gesungen, getanzt und natürlich getrunken. Die Hardangerfiedel, in Norwegen »Hardingfele« genannt, ist das traditionelle Musikinstrument für die Volksmusik der Region. Der Komponist Geirr Tveitt hat aber auch zwei klassische Konzerte dafür komponiert. Selbst im Jazz spielt die Hardangerfiedel inzwischen mit. Ihren eigentümlichen Klang hat sie u.a. durch zusätzliche Resonanzsaiten.

SPEISEN WIE DIE NORWEGER

Nach den Wanderungen, Angeltouren oder Abfahrten vom Folgefonna soll auch der Magen zu seinem Recht kommen. Am Hardangerfjord gibt es viele Restaurants und Gaststätten, die meist nur während der Saison geöffnet sind. Eines davon ist die »Hardangerviddahallen« in Øvre Eidfjord. Hier gibt es Deftiges aus der Region, angefangen von Lachs über Forelle bis zu Rentierbraten und Lamm, alles traditionell zubereitet und außerordentlich schmackhaft. Zugeständnisse an den Zeitgeist gibt es nur insofern, dass auch vegetarische Gerichte auf der Karte stehen. Kinder bekommen etwas kleinere Portionen.

WEITERE INFORMATIONEN

Hardangerviddahallen Restaurant og Kafé: N–5784 Øvre Eidfjord, Tel. +47/53 67 40 10, E-Mail: post@hardangervidda.org, Internet: www.hardangervidda.org, Öffnungszeiten: April bis Mai und September, tgl. 10–18 Uhr, Juni bis August tgl. 10–20 Uhr, Winter: Gruppen nach Voranmeldung

Die Hansehäuser (oben) sind aus Stein gemauert, während die Häuser von »Tyske Bryggen« (rechts) nach jeder Brandkatastrophe nach den alten Plänen wieder detailgetreu aus Holz errichtet wurden.

14 Bergen – Tor zu den Fjorden Norwegens

Alte Stadt mit jungem Gesicht

»Bergen ist die Stadt mit den Füßen im Meer, mit dem Kopf nahe dem Himmel und mit dem Herz auf dem rechten Fleck.« So charakterisieren die Einwohner ihre Stadt liebevoll. Und das ist durchaus zutreffend, denn sie liegt unmittelbar an einem Naturhafen am Ende des Puddefjorden, eingerahmt von ihren sieben, bis zu 670 Meter hohen Bergen. Tradition und Moderne, gemütliches Kleinstadtleben und betriebsame Geschäftigkeit sind eine gelungene Symbiose eingegangen und geben der Stadt ein einzigartiges Flair.

Den Titel als größte Stadt Norwegens hat Bergen 1880 an Oslo abgeben müssen, aber bis zu dieser Zeit war sie die wichtigste Hafenstadt des Landes mit einer langen Tradition. Bereits um 1070 hatte König Olav Kyrre an der Stelle der heutigen Stadt einen Ort namens »Björgwin« gegründet, was so viel wie Bergwiese bedeutet. Schon unmittelbar danach war sie ein wichtiger Handelshafen. Ihre Bedeutung stieg 1360 noch einmal, als ein Handelskontor der Hanse, der »Tyske Bryggen«, also der Deutsche Anleger, gegründet wurde. Die Stadt entwickelte sich durch den Import von Getreide und den Export von Fisch zum wichtigsten Handelszentrum Skandinaviens. Da Kontore keine selbstständigen Mitglieder der Hanse sein konnten, wurde die

Niederlassung der Hansestadt Lübeck untergeordnet. Das zunächst aus 20 nebeneinander liegenden Gebäuden bestehende Hansekontor wurde schnell zu einem kompletten Wohn- und Handelsviertel. Zur Blütezeit der Hanse machten die deutschen Kaufleute und Handwerker ein Viertel der Stadtbevölkerung Bergens aus. Noch heute ist der nur noch Bryggen genannte Stadtteil eine der Hauptattraktionen Bergens, wenngleich es sich nicht mehr um die alten Gebäude, sondern Rekonstruktionen handelt, da die Stadt mehrfach von verheerenden Feuersbrünsten heimgesucht wurde. Die Flammen fanden durch die typisch norwegische Holzbauweise der Häuser immer reichlich Nahrung, aber die Hafenzeile wurde immer wieder nach den alten Plänen

aufgebaut, sodass sie sich heute noch so darstellt, wie im 14. Jahrhundert. Von der UNESCO wurde Bryggen deswegen im Jahr 1979 zum Weltkulturerbe ernannt. Alle anderen Gebäude im Stadtgebiet mussten nach dem letzten großen Brand im Jahre 1916 aufgrund einer Feuerschutzverordnung aus Stein errichtet werden.

Geschichte und Geschichten

Während Bryggen immer noch ein lebendiger, intensiv genutzter Stadtteil ist, kann in Gamle Bergen, dem nördlich vom Zentrum gelegenen Alt-Bergen, das Leben betrachtet werden, wie es vor rund 100 Jahren war. Hier stehen Holzhäuser nicht nur aus der Stadt selbst, sondern aus der gesamten Region um Bergen, die abgetragen und hier Stück für Stück wieder aufgebaut wurden. Die Zeit scheint stehen ge-

blieben zu sein. Das Leben der reichen Kaufleute ist ebenso nachzuempfinden wie das des armen Dienstmädchens, des Bäckers, des alternden Beamten und nicht zuletzt des Zahnreißers und seiner Patienten. Tausende von Gegenständen aus dieser Zeit erzählen, wie die Menschen zu Hause, bei der Arbeit und bei Festlichkeiten gelebt haben.

Heute ist Bergen mit rund 261 000 Einwohnern die zweitgrößte Stadt in Norwegen. Traditionell wird auch heute noch Fischfang betrieben, daneben spielt auch die Aquakultur von Lachsen eine große Rolle. Berühmt ist der Fischmarkt Torgen, nur einen Steinwurf von Bryggen entfernt. Außer am Wochenende ist er täglich geöffnet. Hier findet man alles, was die Nordsee an Meerestieren zu bieten hat, angefangen beim Kabeljau über Plattfische, Seeteufel und Lachse bis hin zu Garnelen, Hummern und neuerdings Königskrabben, die sich vom Weißen Meer, wo sie ausgesetzt wurden, auf den langen Weg entlang der norwegischen Küste nach Süden gemacht haben. Obst- und Gemüsestände ergänzen das Angebot, und wer Hunger hat, findet an kleinen Imbissbuden ein großes Angebot. Vom Fischmarkt ist es nicht weit zur Talstation der Fløyen-Bahn, einer Standseilbahn, die auf einer 850 Meter langen Strecke auf den 339 Meter hohen Berg Fløyen, einen der sieben Berge der Stadt, führt. Von dort hat man einen wunderbaren Blick auf die Stadt und den Hafen.

Sehenswerte sakrale Bauten in Bergen sind die Marienkirche und die Fantoft-Stabkirche. Die Marienkirche ist eine romanische Basilika, die um 1130 nach dem Vorbild des Speyrer Doms aus Naturstein erbaut wurde. Sie soll das älteste noch erhaltene Gebäude der Stadt sein, Archäologen gehen jedoch davon aus, dass eine kleine Kapelle in der Innenstadt von Bergen um einige Jahre älter ist. Die Marienkirche liegt im nordöstlichen Teil von Bryggen. Sie wurde als Hauptkirche des Kontors von 1408 bis 1766 ausschließlich von den dort ansässigen Hansekaufleuten genutzt. Äußerlich schmucklos, zeigt sie im Innern ein vergoldetes

Keine Fassade ist wie die andere, ob im Hanseviertel, in »Tyske Bryggen« oder bei den Speicherhäusern am Prefaboden. Vielfalt ist in der Architektur ebenso die Maxime wie auf dem Fischmarkt, wo die ganze Palette der Meeresfrüchte angeboten wird (unten).

Triptychon und eine geschnitzte barocke Kanzel. Die Fantoft-Stabkirche wurde vermutlich im 13. Jahrhundert in Fortun, einem kleinen Dorf an einem Seitenarm des nördlich von Bergen gelegenen Sognefjords erbaut und 1883 an ihren jetzigen Platz am Südrand von Bergen versetzt. Im Jahre 1992 brannte die Kirche durch Brandstiftung vollständig nieder, wurde aber originalgetreu nach alten Plänen und Fotografien wieder aufgebaut.

Kultur als Verpflichtung

Das kulturelle Angebot der Stadt ist enorm vielfältig. Nicht umsonst wurde Bergen im Jahr 2000 von der UNESCO zur Europäischen Kulturhauptstadt ernannt. Eine Vielzahl von Museen, darunter das Fischereimuseum, das Bryggens Museum, das Hanseatisk Museum, das Historisk Museum und verschiedene Kunstsammlungen mit Bildern von Munch, Picasso, Klee, Kandinsky und anderen Meistern bieten interessante Einblicke in die Geschichte, Kultur und das künstlerische Engagement Bergens. Für Naturliebhaber sind der Botanische Garten der Universität und das »Aqvariet«, das größte Aquarium in Nordeuropa, ein Muss. Auch die Musikfreunde kommen auf ihre Kosten. Das älteste Symphonieorchester der Welt ist in Bergen beheimatet, und das alljährlich im

Mai/Juni stattfindende Internationale Bergen-Festival ist eine bekannte Größe im internationalen Musikbetrieb. Musik hat Tradition in Bergen, denn der berühmteste Sohn der Stadt, Edvard Grieg, hat hier seine Spuren hinterlassen. Troldhaugen, das Zuhause des Komponisten, ist nicht nur Museum, sondern auch Spielstätte für Musiker aus aller Welt. Es liegt etwa 8 Kilometer südlich von Bergen auf dem Troldhaugen. Das Theater »Den nationale Scene« gehört zu den führenden Häusern.

Die Stadt des flüssigen Sonnenscheins

Alle reden vom Wetter, auch die Bewohner Bergens. Mit durchschnittlich fast 2300 Millimeter Niederschlag an bis zu 225 Regentagen hält Bergen den einsamen Rekord in ganz Europa. Jeder Besucher ist daher gut beraten, regenfeste Kleidung mitzuführen. Dabei sind die Temperaturen aufgrund des warmen Golfstroms, der an der norwegischen Küste nach Norden führt, sehr moderat. Die Jahresmitteltemperatur beträgt etwa 7,7 Grad Celsius. Der Juli ist der wärmste Monat mit Temperaturen zwischen 12 und 19 Grad Celsius und immerhin durchschnittlich 5,8 Sonnenstunden pro Tag. Die niedrigsten Temperaturen werden im Februar gemessen, wenn das Thermometer zwischen –0,9 und +3,3 Grad Celsius pendelt.

VIELE WEGE FÜHREN NACH BERGEN

Am schnellsten geht es mit dem Flugzeug. Aus nahezu allen europäischen Metropolen gibt es Direktflüge. Der Flug zum Flughafen Bergen-Flesland führt über die atemberaubende Gebirgslandschaft Norwegens. Autofahrer gelangen von Oslo über die Reichsstraße 13 (E 16) nach 496 Kilometern nach Bergen. Eisenbahnfans können die gleiche Strecke auch mit der legendären Bergenbahn zurücklegen. Die 470 Kilometer lange Route passiert die größte Hochebene Europas, die Hardangervidda. Der höchste Punkt der Strecke liegt bei 1237 Metern. 182 Tunnel mit einer Gesamtlänge von 73 Kilometern werden dabei durchfahren, der längste misst 10,3 Kilometer. Außerdem werden etwa 300 Brücken überquert. Außerdem legen jedes Jahr über 200 Kreuzfahrtschiffe in Bergen an, darunter die Schiffe der Hurtigruten.

WEITERE INFORMATIONEN

Bergen Tourist Information: Tel. +47/ 55 55 20 00, E-Mail: info@visitbergen.com, Internet: www.visitbergen.com

Das Fjordland
und die Fjelle

Letzte Sonnenstrahlen beleuchten vor dem herannahenden Un-
wetter ein verlassenes Gehöft auf dem Fjell abseits der belebten
Djupvasshytta (links). Im Rondane-Nationalpark stehen diese Erd-
pyramiden (oben). Die Moore und Sümpfe haben die Bergbauzeit
unbeschadet überstanden (unten).

Vom schwimmenden Hotel der Hurtigrutenschiffe ins Eishotel. In Kirkenes, dem Endpunkt der Hurtigruten, ist das möglich. Jedes Jahr wird hier aus Schnee und Eis ein komplettes Hotel mit Restaurant, Lobby und Suiten errichtet, das den Vergleich mit der Einrichtung der »Nordlys« oder »Nordnorge« nicht scheuen muss (rechts).

15 Mit dem Postschiff auf der Reichsstraße Nummer 1

Im Liniendienst von Bergen nach Kirkenes

Norwegen ist ein Land, das vor allem im Winter zu Lande auch heute noch nur unter Schwierigkeiten bereist werden kann. Daher war es nahe liegend, den eisfreien Seeweg entlang der Küste zu nutzen. Seit 1893 gibt es den täglichen Liniendienst der Hurtigruten zwischen Bergen und Kirkenes. Ihr ist es zu verdanken, dass der Norden des Landes mit Post und Waren versorgt wird und Produkte von dort in den Süden gelangen. »Riksvei Nr. 1« wird die Hurtigrutenlinie deshalb von den Norwegern liebevoll genannt.

Über 83 000 Kilometer lang ist die Küstenlinie Norwegens, wenn man die Fjorde und Inseln mit einrechnet. Kein Wunder, dass die Norweger traditionell ein Seefahrervolk sind. Der Warenverkehr insbesondere zu und von den abgelegeneren Orten im Norden des Landes erfolgte fast immer auf dem Seeweg. Routen durch das gebirgige Binnenland gab es nur wenige.

Ruderbootstafette in den hohen Norden

Bereits im 17. Jahrhundert wurde daher ein regelmäßiger Postdienst von Trondheim nach Vardøhus, hoch im Norden der Finnmark, eingerichtet. Amtlich bestellte Fischer bekamen

den Auftrag, zweimal im Jahr diese Strecke zu befahren. Zu Beginn des 19. Jahrhunderts wurde dieser Dienst ausgeweitet. Nicht mehr zweimal pro Jahr, sondern alle drei Wochen trat die Post ihren Weg an. Drei Boote mit jeweils acht Ruderern waren wie Stafettenläufer auf den drei Reiseabschnitten von Trondheim nach Bodø, von Bodø nach Tromsø und schließlich von Tromsø bis nach Alta unterwegs. Dieser Dienst ermöglichte jedoch keineswegs eine regelmäßige Versorgung. Mit dem Aufkommen der Dampfschiffe wurden die Touren von diesen übernommen, aber auch die Dampfschiffe fuhren nur bei Tag, und der ist vor allem in den Wintermonaten kurz.

Jenseits des Polarkreises herrscht zeitweise sogar die Polarnacht.

Richard With – Pionier der Nord-Süd-Verbindung

Seit 1875 gab es Bestrebungen, den Post- und Frachtverkehr noch weiter zu intensivieren und staatlich zu fördern. Im Jahr 1890 wurde ein Konzept für den ganzjährigen Betrieb einer Schifffahrtslinie entlang der norwegischen Küste erarbeitet, allerdings war das Problem der Navigation bei Dunkelheit noch nicht gelöst. Es gab eine öffentliche Ausschreibung für den Liniendienst, an den die Bedingung geknüpft war, ganzjährig und in kürzester Zeit

die Strecke zu überwinden. Das war die Stunde von Richard With. Der erfahrene Kapitän war darüber hinaus ein geschäftstüchtiger Kaufmann. Er hatte über viele Jahre gemeinsam mit dem Lotsen Andreas Holte alle Seewege entlang der Küste befahren und darüber so detaillierte Aufzeichnungen gemacht, dass er auch bei Dunkelheit seinen Weg fand. Damit war die Bedingung erfüllt, die an die Vergabe der staatlichen Subventionen geknüpft war.

Die Geburt der Hurtigruten

Am 2. Juli 1893 verließ die »D/S Vesterålen« als erstes Schiff der von Richard With gegründeten Vesterålens Dampsskipsselskap Trondheim in Richtung Hammerfest auf der Hurtigrutenlinie. Kapitän war, wie sollte es anders sein, Richard With. Er benötigte für die Strecke 67 Stunden. Bereits im folgenden Jahr schlossen sich zwei weitere Reedereien den Hurtigruten an. Es wurden nun zweimal pro Woche die Strecken Trondheim – Hammerfest, Bergen – Hammerfest und Hammerfest – Vadsø bedient. Letztere verlängerte man 1908 bis Kirkenes, das bis heute aufgrund eines Staatsvertrages aus dem Jahr 1911 der Endpunkt der Hurtigrutenlinie ist. Die drei Linien wurden 1936 zu einer durchgehenden Verbindung zusammengeführt. Vierzehn Schiffe von sechs verschiedenen Reedereien gewährleisteten von nun an die tägliche Verbindung von Süden nach Norden und zurück. Damit änderte sich das Leben in den abgelegenen Ortschaften des Nordens nachhaltig. Die Hurtigruten wurden zum nationalen Symbol der Verbundenheit der einzelnen Landesteile Norwegens.

Die wechselvolle Geschichte der Hurtigruten

Innerhalb weniger Jahre hatten sich die Hurtigruten zu einem festen Bestandteil des norwegischen Verkehrsnetzes entwickelt und waren aus dem normalen Leben nicht mehr wegzudenken. Allerdings ist die Zeit nicht spurlos an ihnen vorübergegangen. Insbesondere der

Aus den Postschiffen sind komfortable Kreuzfahrtschiffe geworden, auf denen selbst Swimming-Pools zur Ausstattung zählen und deren Offiziere standesgemäße Uniformen tragen. Die Liegezeiten werden für King-Crab-Safaris genutzt. Die »Beute« wird vom Schiffskoch zubereitet, während die »MS Richard With« zurück nach Ålesund fährt (rechts).

Zweite Weltkrieg nahm nachhaltigen Einfluss auf die Hurtigruten. Viele Schiffe wurden von den deutschen Besatzern beschlagnahmt und für militärische Zwecke genutzt, standen also nicht mehr zur Verfügung. Um den Liniendienst wenigstens in Teilen aufrechtzuerhalten, wurden sogar Fischkutter eingesetzt. Am Ende des Krieges waren nur noch drei von ehemals 14 Schiffen fahrtüchtig. Erst 1950 konnte der tägliche Liniendienst wieder aufgenommen werden, nachdem ein staatlich gefördertes Schiffsneubauprogramm gestartet worden war. Bis 1956 waren zehn neue, speziell für diesen Zweck konzipierte Schiffe in Dienst gestellt worden, welche die alten Schiffe ersetzten. In den 1980er-Jahren ging die nächste, mittlere Generation der Hurtigrutenschiffe auf die Reise. Bereits kurze Zeit später wurde die neue Generation aufgelegt.

Eine neue Herausforderung

Diese Schiffe sind wie moderne Kreuzfahrtschiffe ausgestattet, und das nicht ohne Grund. Jahrzehntelang stellten die Hurtigruten die einzige Versorgungsmöglichkeit für viele Ortschaften dar und wurden demzufolge stark subventioniert. Mit der Zunahme des Flugverkehrs und dem Ausbau des Schienen- und Straßennetzes verloren sie aber rapide an Be-

deutung. Lediglich im Winter konnten sie ihre Stellung behaupten, denn vereiste Start- und Landebahnen, verschneite Straßen und unpassierbare Schienenstrecken können Schiffe nicht schrecken. In der Konsequenz führte das dazu, dass seit dem Jahr 2001 nur noch der Winterfahrplan subventioniert wird. Um trotz dieser Entwicklung keine roten Zahlen zu schreiben, waren die Verantwortlichen gezwungen, neue Konzepte für ihre Schiffe zu entwerfen. Zwar ist auch heute noch der Post- und Frachtverkehr ein wichtiger Bestandteil des Hurtigrutenkonzepts, doch der Tourismus bestimmt in zunehmendem Maße das Geschäft.

Im Sommer fahren die Schiffe neben den klassischen Strecken auch in den Geiranger- und den Trollfjord. Auch die Liegezeiten in den Häfen orientieren sich nicht mehr nur ausschließlich an den für die Fracht notwendigen Be- und Entladezeiten, sondern vor allem an den Wünschen der mitreisenden Touristen, für die spezielle Ausflüge zu Sehenswürdigkeiten rund um die Häfen angeboten werden. Inzwischen werden mit den Schiffen »Nordkapp« und »Fram« sogar Expeditionskreuzfahrtschiffe eingesetzt. Sie sind auch außerhalb norwegischer Gewässer, zum Beispiel in Grönland, in den chilenischen Fjorden und bis in die Antarktis hinein unterwegs.

AUF DEN SPUREN DER HURTIGRUTEN

Wenn die Frage gestellt wird, welcher Streckenabschnitt der Hurtigrutenlinie der schönste ist, muss die Antwort lauten: »Jeder!« Man muss die ganze Strecke fahren und zwar in beiden Richtungen, denn die Häfen, die auf der Tour nach Norden nachts angelaufen werden, sind auf der Südtour auf dem Tagesprogramm. Das 1993 zum 100-jährigen Bestehen der Hurtigruten im ehemaligen Verwaltungsgebäude der Vesterålens Dampskibsselskab eingerichtete Hurtigrutenmuseum in Stokmarknes kann daher nur auf der Rücktour besichtigt werden. Ankunftszeit dort ist 14.45 Uhr. 1999 ist es um einen Neubau erweitert worden. Prunkstück der Ausstellung ist das Museumsschiff »MS Finnmarken«, das bis 1993 auf Tour war.

WEITERE INFORMATIONEN

Hurtigrutemuseet:
N–8450 Stokmarknes, Markedsgt. 1,
Tel. +47/76 11 81 90,
E-Mail: post@hurtigrutemuseet.no,
Internet: www.hurtigrutemuseet.no

Eine schmale Straße windet sich hinauf zur Juvashütte, dem Ausgangspunkt für die Wanderung zum Galdhøpiggen. Unterwegs passiert sie einen kleinen See mit schilfbewachsenen Ufern. Im weichen Licht der Abendsonne spiegeln sich Galdhopingen und Glittertind im Wasser des Sees. Das aus Felsbrocken errichtete Eingangstor zum Nationalpark Jotunheimen (rechts unten).

16 Zeugen der Erdgeschichte

Galdhøpiggen und Glittertind auf dem Dach Skandinaviens

Zwei Berge machen sich gegenseitig den Rang streitig, die höchsten Erhebungen Norwegens zu sein. Jahrzehntelang hatte der Glittertind mit 2452 Meter Felshöhe und einem zusätzlichen Eisschild von fast 30 Meter Mächtigkeit die Nase vorn, bis ihn das »global warming« traf. Seit 1931, als er noch mit 2481 Metern vermessen wurde, sind 17 Meter Eis abgeschmolzen, sodass der eisfreie Galdhøpiggen mit seinen »echten« 2469 Metern ihn nun um fünf Meter überragt.

Dem Bergwanderer, der den Galdhøpiggen erklimmt, wird dieser Unter-schied nicht auffallen. Er hat von dort einen weiten Blick auf das Dach Skandinaviens mit den Gipfeln des Jotunheimen-Massivs, wie dieser Teil des ganz Skandinavien durchziehenden Gebirges genannt wird. Er sollte sich aber dessen bewusst sein, dass er sich hier auf uraltem Gestein befindet, dessen Ent-stehung weit in die Erdgeschichte zurückreicht.

Ein Riesencrash mit Folgen

Begonnen hat alles mit einem gewaltigen Zusammenprall. In der Zeit vor etwa 420 bis 380 Millionen Jahren, vom Untersilur bis Oberdevon, kollidierten hier drei Kontinentalplatten miteinander: die Laurasische Platte, die im Wesentlichen das heutige Nordamerika und Grönland umfasste, die Baltische Platte, die dem heutigen Baltikum und Skandinavien entspricht, sowie die kleine, nach der Halbinsel Avalon in Neufundland benannte Avalonische Platte, die heute noch in Teilen Südwestenglands, der Iberischen Halbinsel und in Neufundland nachweisbar ist. Bei dem Zusammenprall wurde ein gigantisches Gebirge aufgeschoben, die Kaledoniden. Als sich im Zeitalter des Jura die Kontinentalplatten wieder voneinander trennten und der Nordatlantik entstand, wurde das Gebirge regelrecht ausei-

nandergerissen. Die Reste finden sich über weite Teile der Nordhalbkugel verteilt. Man sieht sie heute nicht nur in Skandinavien, sondern auch auf Spitzbergen, an der Ostküste Grönlands, in England, Schottland, Irland sowie Nordwestfrankreich, und sie setzen sich an der Ostküste Nordamerikas in den Appalachen und in Neufundland fort. Der Name Kaledoniden leitet sich übrigens aus dem lateinischen Wort Caledonia für Nordschottland ab, wo ebenfalls Reste des Gebirges zu finden sind.

So hoch, wie ein Jet fliegt

Über die tatsächliche Höhe dieses Gebirgszuges können nur Vermutungen angestellt werden, sicher ist jedoch, dass er alle heutigen Gebirge im wahrsten Sinne des Wortes in den Schatten stellte. Mindestens 10 000 Meter hoch war das Gebirge, das dann aber im Verlauf vieler Millionen Jahre durch die Erosion fast völlig abgetragen wurde. Durch die Eiszeiten erhielt es nur den »letzten Schliff«. Die letzte Eiszeit endete vor etwa 10 000 Jahren. Das Eis reduzierte weniger die Höhe der Berge, sondern sorgte vielmehr für die Profilierung ihrer Umrisse.

Der skandinavische Teil dieses gewaltigen Gebirgszuges, der auch Skanden genannt wird und dem Skandinavien seinen Namen verdankt, hat heute noch eine Länge von etwa 1700 Kilometern und durchzieht die skandinavische Halbinsel von der norwegischen Skagerrakküste im Süden bis zum Nordkap. Die größte Breite beträgt 320 Kilometer. Neben Norwegen haben auch Schweden und Finnland einen Anteil an den Skanden. Überall sorgen sie für Superlative. Im norwegischen Teilgebirge Jotunheimen erreichen sie mit dem Galdhøpiggen den höchsten Punkt nicht nur Norwegens, sondern ganz Nordeuropas. Der ebenfalls zu den Skanden zählende Kebnekaise ist mit 2111 Meter der höchste Berg Schwedens und der Haltinturi mit 1324 Meter der höchste Berg Finnlands.

Nach Osten hin fällt das Gebirge in Stufen ab und hat hier mehr Mittelgebirgscharakter. Nach Westen jedoch ist es steil und von tiefen, durch die Eiszeit geformten Fjorden durchzogen. Teile der Skanden sind heute noch, oder besser gesagt, wieder von Plateaugletschern bedeckt, deren Ausläufer wie beim Engenbreen bis fast an das Meer heranreichen. Die größten sind der Jostedalsbreen, der mit circa 486 Quadratkilometern der größte Gletscher Kontinentaleuropas ist, gefolgt vom Svartisengletscher mit 370 Quadratkilometern und dem Folgefonngletscher, der immerhin noch 214 Quadratkilometer groß ist.

Eins ist an diesen Gletschern bemerkenswert: Sie sind keine Relikte der Eiszeiten, sondern entstanden erst vor ungefähr 2000 Jahren als Folge von Klimaveränderungen.

Dicke Wolken spiegeln sich im noch ruhigen Wasser, kündigen aber schon die ersten Stürme an. Im Norddalsfjord herrscht noch Sommerstimmung. Wer 13 Haarnadelkurven bei bis zu 20 % Gefälle nicht scheut, hat von der Passstraße Stalheimskleivi einen schönen Blick in das Nærøydal (rechts).

17 Vom längsten zum schmalsten Fjord Europas

Faszinierende Landschaften

Die Provinzen Rogaland, Hordaland, Sogn og Fjordane und Møre og Romsdal, alle vier unter dem Namen Fjordnorwegen zusammengefasst, nehmen für sich in Anspruch, die Superlative der Fjorde zu bieten. Und tatsächlich finden sich hier mit dem Sognefjord der längste, dem Nærøyfjord der schmalste und dem Geirangerfjord der berühmteste Fjord Europas. Nærøyfjord und Geirangerfjord wurden im Jahr 2005 von der UNESCO in die Liste der Weltkulturerbestätten aufgenommen.

Fjorde sind das Ergebnis der erodierenden Kräfte des Eises und des Wassers. In Tausenden von Jahren haben Gletscher die Täler regelrecht aus dem Felsen herausgehobelt. Nach dem Rückzug des Eises wurden diese Täler vom Meerwasser geflutet und bildeten natürliche Wasserwege, die tief in das Hinterland hineinreichen. Das norwegische Wort »Fjord« bedeutet demzufolge auch nichts anderes als Fahrwasser. Auch die deutsche Bezeichnung Förde oder das englische »firth« hängen sprachgeschichtlich mit »Fjord« zusammen.

Preisverdächtige Natur

Der Sognefjord ist der Rekordhalter nicht nur unter den norwegischen, sondern nahezu allen Fjorden der Welt. Mit 1308 Meter Tiefe ist er mit Abstand der tiefste Fjord, und seine 204 Kilometer Länge werden nur noch vom Admirality Inlet im Nordosten Kanadas übertroffen, das 270 Kilometer lang ist. Er ist tief eingeschnitten, und seine Nebenarme Fjærlandsfjord, Lustrafjord, Ardalsfjord und Aurlandsfjord reichen weit nach Norden und Süden in das Binnenland hinein. Vom Aurlandsfjord zweigt wiederum der Nærøyfjord ab. Der Sognefjord wird beidseits von Bergen eingefasst, die bis zu 1524 Meter hoch aufragen. Aufgrund seiner Länge und Ausrichtung in West-Ost-Richtung ist der innere Bereich des Fjordes klimatisch begünstigt. Hier herrscht im Gegensatz zum Mündungsbereich mit seinem atlantisch geprägten Klima ein kontinentales Klima mit trockenen, warmen Sommern. Im

Frühjahr blühen an den nach Süden gerichteten Ufern Obstbäume. Auch Erdbeeren und Himbeeren werden hier angebaut. Dieser Bereich ist auch heute noch durch traditionelle landwirtschaftliche Nutzung geprägt, allerdings gewinnt der Tourismus immer mehr an Bedeutung.

Majestäten zu Besuch

Die touristische Entdeckung des Sognefjord-Gebietes fand bereits am Ende des 19. Jahrhunderts statt. Und es war nicht nur der deutsche Kaiser Wilhelm II., der hier gern Urlaub machte, auch Edward VII. von England besuchte regelmäßig die Region. Gekrönte Häupter sollen allerdings schon viel früher hier gelebt haben. Mehrere Grabhügel in der Nähe von Vangsnes, am Südufer des Sognefjordes, lassen darauf schließen, dass es hier bereits zur Wikingerzeit einen Häuptlingssitz gab. Einer um das Jahr 1300 niedergeschriebenen Sage nach soll Fridtjof der Kühne in Vangsnes gelebt

haben. Um ihn rankt sich eine Geschichte von Tapferkeit, Liebe und Verzweiflung, die letztlich jedoch gut ausgeht. Wilhelm II. war davon so angetan, dass er 1913 eine zwölf Meter hohe Fridtjof-Statue errichten ließ.

Ein Geheimtipp

Der erste nach Norden vom Sognefjord abzweigende Nebenarm ist der Fjærlandsfjord, an dessen Ende der kleine Ort Fjærland liegt. Bis 1986 konnte er nur mit der Fähre von Balestrand oder Hella erreicht werden und war ein recht verschlafenes Nest, in das sich nur gelegentlich ein Tourist verirrte. Fjærland war aber schon lange ein Geheimtipp für Gletscherwanderungen auf den nordwestlich gelegenen Jostedalsbreen. Bereits 1883 kamen die ersten Besucher aus England und Deutschland, aber der große Tourismus setzte erst mit dem Bau der Straßenanbindung des Fjærlandsvegen ein. Heute werden bis zu 50 000 Gäste im Jahr gezählt, die einerseits nach wie vor vom Gletscher angezogen werden, andererseits auch das größer werdende Angebot an leichten Wanderungen, Bootstouren auf dem Fjord oder Angeln nutzen. Eine besondere Attraktion ist das 1991 eröffnete Norsk Bremuseum, das Gletschermuseum. Hier erfährt der Besucher alles über Gletscher und Eiszeiten.

Von Meereshöhe auf 1400 Meter

Der nächste in der Reihe der Nebenarme ist der Lustrafjord. Er ist bereits 180 Kilometer von der Mündung des Sognefjordes entfernt und hat ein ausgesprochen mildes Klima. Sogar Tabak gedeiht hier und wurde auch kultiviert, allerdings nur für den Eigenbedarf. Den Tabakanbau stellte man schon vor längerer Zeit ein, der Obstbau ist dagegen immer noch ein wichtiger Wirtschaftsfaktor. Die Orte im Lustrafjord sind ideale Ausgangspunkte für die unterschiedlichsten Aktivitäten. Ausflüge zum Jotunheimen-Nationalpark, zum Feigumfossen, der mit 218 Meter Fallhöhe zu den höchsten Wasserfällen Norwegens zählt, oder zur Stabkirche Urnes (s. Highlight 23) am Ostufer des

Berühmte wie die »Sieben Schwestern« und namenlose, aber nicht weniger schöne Wasserfälle prägen den Geirangerfjord (unten). Zu Beginn noch weit und offen, verengt sich der Nærøyfjord (rechts) auf weniger als 250 Meter.

Fjordes bieten sich an. Über die Sognefjellstraße erreicht man auf 1400 Meter Höhe das Sommerskizentrum bei der Sognefjellhütte. Auf präparierten Loipen und Pisten ist hier auch im Sommer Wintersport möglich. Wer nicht so hoch hinaus will, kann Bootstouren auf dem Fjord machen oder kostenlos Lachse und Aale angeln.

Klein, aber fein

Der Nærøyfjord nimmt für sich in Anspruch, mit 250 Meter Breite der schmalste Fjord der Welt zu sein – spektakulär ist er allemal. Bis zu 1800 Meter hoch ragen die Felswände auf und lassen selbst die größeren Fährschiffe wie Spielzeug wirken. Eine Fahrt auf diesem Fjord gehört zum Schönsten, was Norwegen zu bieten hat. Nicht umsonst wurde der Fjord von der UNESCO zum Weltkulturerbe erhoben. Am Ende des Fjordes liegt der Ort Gudvangen. Von dort geht es durch das Nærøytal zum etwa 12 Kilometer entfernten Ort Stalheim, welcher der Stalheim-Schlucht ihren Namen gab. Durch diese Schlucht führte vom 17. bis zum Beginn des 20. Jahrhunderts der Postweg zwischen Christiania und Bergen. Berühmt ist auch die 1846 fertiggestellte Stalheimskleiva, eine Straße, die mit 13 Haarnadelkurven zum Ort hinaufführt.

Schön und berühmt

Verlassen wir das Sognefjordgebiet und wenden uns dem weiter nördlich gelegenen Geirangerfjord zu. Er ist noch kürzer als der Nærøyfjord, ganze 15 Kilometer lang, und zweigt vom Sunnylvsfjord ab, der seinerseits ein Nebenarm des Storfjordes ist. Auch ihn hat die UNESCO in die Liste der Weltkulturerbestätten aufgenommen. Er ist der bekannteste aller norwegischen Fjorde und für jeden Norwegenbesucher ein Muss. Das hat jedoch auch dazu geführt, dass der Fjord und der an seinem Ende liegende Ort Geiranger besonders während der Urlaubszeit im Sommer überfüllt sind. Das tut jedoch seiner Schönheit keinen Abbruch, denn die wunderschönen Wasserfälle mit so klingenden Namen wie »Brautschleier«, »Sieben Schwestern« oder »Freier« lassen sich von den Menschenmassen nicht beeindrucken, sondern finden ihren Weg aus der Höhe in den Fjord.

Hoch oben auf winzigen Plateaus in den Felswänden stehen Bauernhöfe – die meisten längst verlassen, aber zum Teil liebevoll restauriert. Jedes Fleckchen Grün wurde von den Bauern genutzt, die oft nur über Leitern zum Fjord hinabgelangen konnten. Damals lohnte die Mühe, denn im milden Klima des Fjords gediehen sogar Aprikosen.

WAS SIE SCHON IMMER ÜBER EIS WISSEN WOLLTEN …

… hier erfahren Sie es. Im Norsk Bremuseum, dem Gletschermuseum, dreht sich alles um das gefrorene Wasser. Mindestens in Europa, wenn nicht weltweit sucht dieses Museum seinesgleichen. Die Geheimnisse der Eiszeiten und Gletscher werden hier entschlüsselt. Der Eiswelt des Jostaedalsbreen mit den darauf angebotenen Wanderungen widmet sich ein Film im Kino des Museums, und im Juni 2007 öffnete eine neue Ausstellung über natürliche und vom Menschen verursachte Klimaänderungen. End- und Höhepunkt des Besuches im Gletschermuseum ist die Wanderung durch einen künstlichen kleinen Gletscher, eine perfekte Simulation.

WEITERE INFORMATIONEN

Norsk Bremuseum: N–6848 Fjærland, Tel. +47/57 69 32 88, E-Mail: post@bre-museum.no, Internet: www.bre.museum.no, Öffnungszeiten: April/Mai/Sept./Okt. tgl. 10–16 Uhr, Juni–Aug. tgl. 9–19 Uhr

Diesen Blick auf den Aurlandsfjord
kann nur genießen, wer anstelle
des neuen 24,5 km langen Tunnels
nach Lærdalsøyri die alte Passstraße
durch das Kvansdalen,
Horndalen und Erdalen benutzt.

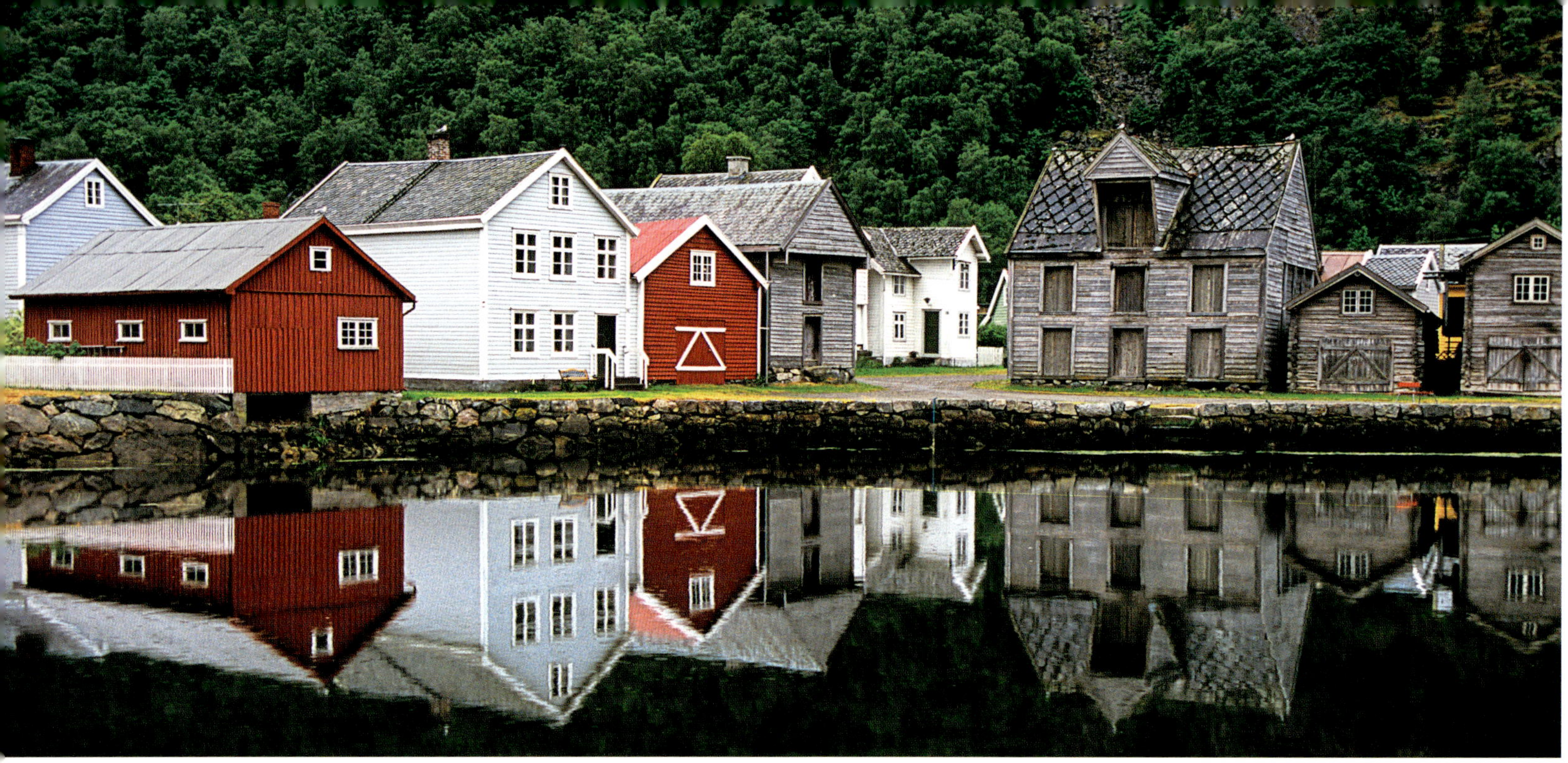

Mit viel Liebe zum Detail wurden die Häuser aus dem 18. und 19. Jahrhundert mit Schnitzereien und Blumen geschmückt. Die Häuser in Gamle Lærdalsøyri werden Stück für Stück restauriert, eine Aufgabe, die noch Jahre in Anspruch nehmen wird.

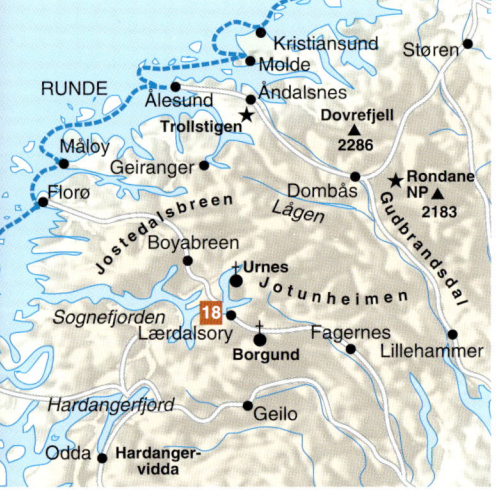

18 Lærdal

Wo schon der britische Adel angelte

Es gibt sie auch in Zeiten der Aquakultur noch, die Wildlachse in den norwegischen Flüssen, die zu den besten der Welt gezählt werden. Auch heute noch werden sie traditionell mit der Angelrute gefangen, wenn sie nach vier bis fünf Jahren im Meer zum Laichen in die Flüsse aufsteigen, in denen sie selbst aus dem Ei geschlüpft sind. Einer der berühmtesten Lachsflüsse ist der in den Sognefjord mündende Lærdalselva.

Lærdalsøyri, am Lærdalselva, dem »König der Lachsflüsse Norwegens«, gelegen, ist in vielerlei Hinsicht ein Highlight Norwegens. Bereits zu Anfang des 19. Jahrhunderts kamen britische Adelige hierher, um Lachse zu angeln. Hier gibt es sie auch heute noch: norwegische Wildlachse, die unter Kennern zu den besten der Welt gerechnet werden. Die ebenfalls aus der Region stammenden Zuchtlachse halten keinem Vergleich mit ihnen stand. Warum das so ist, erfährt der Besucher im Norsk Villakssenter, dem norwegischen Wildlachszentrum in Lærdalsøyri.

Aber auch, wer nicht angelt, findet in und um Lærdalsøyri Sehenswertes. In Gamle Lærdalsøyri stehen über 160 Gebäude aus dem 18. und 19. Jahrhundert unter Denkmalschutz, weil sie den für diese Zeit typischen Baustil in Norwegen repräsentieren. Im Januar 2014 kam es in dem Ort zu einer Brandkatastrophe, bei der zahlreiche Häuser, auch einige der hölzernen denkmalgeschützten Gebäude, niederbrannten. Auch Menschen wurden verletzt. Wann sich der Ort von dieser Katastrophe erholt haben wird, ist ungewiss. Wanderer finden in der Laerdal-Region ein umfangreiches Netz von Wanderwegen. Für Geübte erweist sich die 18 Kilometer lange Strecke zum Sjurhaugfoss als Kinderspiel. Hier stürzt der Lærdalselva über mehrere Kaskaden talwärts. Wer auf dem Weg von Oslo nach Bergen Lærdalsøyri besuchen will, kann mit dem Lærdaltunnel den längsten Straßentunnel der Welt befahren. 24,5 Kilometer lang, führt er sanft geschwungen durch den Berg von Aurland nach Lærdalsøyri.

19 Die Stabkirche Borgund

Symbiose aus heidnischer und christlicher Tradition

Die Stabkirche Borgund ist eines der wenigen erhaltenen Sakralgebäude aus dem frühen Mittelalter. Stabkirchen waren zu dieser Zeit zwar die charakteristischen Gotteshäuser in Norwegen, von den ursprünglich einmal mehr als 700 Stabkirchen sind jedoch nur 28 erhalten geblieben, die als authentisch gelten. Wind und Wetter haben am Holz genagt, Feuer haben sie in Flammen aufgehen lassen, und nicht zuletzt während kriegerischer Auseinandersetzungen sind viele zerstört worden.

Die Stabkirche Borgund gilt als eine der besterhaltenen Kirchen Norwegens. Als Sakralbau wird sie schon seit 1868 nicht mehr genutzt, Bestattungen wurden auf dem Friedhof aber weiterhin noch vorgenommen. Der Verein Fortidsminneforeningen erhält die Kirche heute als Museum.

Drachenköpfe, Tiermasken, Runeninschriften und eine Geisterschwelle im Westportal der Kirche sind in Holz geschnitzte Zeugen für die Adaption vieler heidnischer Bräuche durch das nach der Wikingerzeit aufkommende Christentum in Norwegen. Das Holz für die Stabkirche Borgund wurde 1180 geschlagen und kurz danach verarbeitet. Damit ist sie zwar nicht die älteste Stabkirche, sie war jedoch Vorbild für viele andere nach diesem Muster erbaute Kirchen, die als Borgund-Typ bezeichnet werden. Viele Konstruktionselemente und Einrichtungen sind im Original erhalten, darunter der Steinaltar und das Taufbecken aus Speckstein. Die Kanzel ist erst in den Jahren 1550 bis 1570 eingebaut worden. Sechs übereinander geschachtelte Dächer

schützen den Innenraum, das höchste trägt einen Dachreiter mit einer Glocke. Neben der Kirche steht ein separater Glockenturm mit den Hauptglocken.

Nicht nur im Mittelalter war die Stabkirche Borgund Vorbild für andere Kirchen. Sogar in den Vereinigten Staaten, im Bundesstaat South Dakota, in Rapid City steht ein originalgetreuer Nachbau. Die Stabkirche von Borgund, die dem Apostel Andreas geweiht wurde, ist von Anfang Mai bis Ende September zu besichtigen. Im Jahr 2005 wurde ein Informationszentrum in der Nähe der Stabkirche eröffnet, wo eine Ausstellung über die Geschichte der Stabkirchen unterrichtet. Für das leibliche Wohl der Besucher wird in einer angeschlossenen Cafeteria gesorgt.

Glasklare Seen, Gletscher, schroffe, schneebedeckte Bergspitzen und gewaltige Wasserfälle bietet die Fahrt auf der Sognefjell-Hochstraße, hier Richtung Lom–Turtagro – durch den Nationalpark Jotunheimen.

20 Der Jotunheimen-Nationalpark – im Heim der Riesen

Zwischen Rentieren, Luchsen und Alpenschneehühnern

Jotunheimen mit seinen schroffen Bergen, Gletschern, Seen und Flüssen ist eine großartige Landschaft mit einer außerordentlichen Tier- und Pflanzenwelt. Sie inspirierte Komponisten und Dichter zu ihren Werken und brachte sogar kühle Wissenschaftler ins Schwärmen.

Auf einmal stand ich am Abgrund und sah hinunter zum Gjendesee. Tief unten streckte er sein blankes, grünblaues Smaragdband weit durch den Grund der Kluft, zwischen den mächtigen Schneebergen, die in wilder Folge auf ihn zustürzen. Der Mjølkedalstind und all die anderen scharfen weißen Zacken, die im Westen gegen das Abendrot aufragen. Es ist, als ob ganz Jotunheimen plötzlich lebendig wird, seine mächtigen Pforten für die Seele öffnet und sie in ihren Bann zieht. Unwillkürlich blieb ich stehen; es war, als ob ich der Gletscherwelt zurufen müsste: Auf Wiedersehen!«

So beschrieb Fridtjof Nansen seinen ersten Besuch des Jotunheimen, des höchsten Teiles der Skanden. Seine Begeisterung ist leicht nachzu-

vollziehen. Nach der nordischen Sage ist Jotunheimen auch die Heimat der Jøten, der Trolle, die ihnen von Odin und seinen Brüdern während der Schöpfung zugewiesen wurde. Nansen war aber keineswegs der Einzige, der von Jotunheimen überwältigt war. Edvard Grieg ließ sich von den alten Liedern der Bäuerin Kaja Gjendine Slålien, die am Gjendesee gelebt hat, inspirieren und verarbeitete sie in seinen Musikstücken. Der Dichter Aasmundson Olavson Vinje war es, der 1862 zum ersten Mal den Namen Jotunheimen statt Jotunfjeldene benutzte, wie das Gebiet früher genannt worden war. Er hat bei seinen Wanderungen durch Jotunheimen Gedichte geschrieben, die heute zu den Klassikern der norwegischen Lyrik zählen.

Das Gebirge im Herzen Norwegens

Das gesamte Jotunheimen-Massiv erstreckt sich über eine Fläche von etwa 3500 Quadratkilometern. Das Herzstück bildet der 1980 eingerichtete Jotunheimen-Nationalpark, der mit 1140 Quadratkilometern nahezu ein Drittel des ganzen Gebietes umfasst. Weitere 300 Quadratkilometer im Utladalen wurden als Landschaftsschutzgebiet ausgewiesen. Mit dem Galdhøppigen und dem Glittertind (s. Highlight 20) liegen nicht nur die beiden höchsten Berge Skandinaviens im Nationalpark, über 250 weitere Gipfel sind höher als 1900 Meter, zwanzig davon erreichen sogar mehr als 2300 Meter Höhe. Auch einige der schönsten Seen Norwegens befinden sich im Nationalpark, darunter der von Nansen so bewunderte Gjendesee, der im Spätsommer durch Gletschersedimente türkisgrün gefärbt ist. Der Bessvatn liegt gleich daneben und bietet mit seinem tiefblauen Wasser einen wunderschönen Kontrast dazu.

Dichtere Waldbestände mit Birkenwald gibt es in Jotunheimen nur um den Gjendesee und im Utladalen, wo sich auch einige Kiefern hingewagt haben. Der größte Teil des Parkes liegt oberhalb der Baumgrenze, die hier bei 1200 Meter zu finden ist. Nur noch Moorbirken und einzelne Nadelbäume können unter diesen extremen Bedingungen über-leben, noch höher hinauf schaffen sie es nicht. Gelegentlich mischen sich unter die Bäume noch größere Stauden wie der Nördliche Eisenhut oder die Echte Goldrute. Ein schmaler Gürtel aus kriechenden Zwergweiden und Zwergbirken folgt auf diese letzte Bastion des Waldes. Sie sind, gemeinsam mit kleinen Wacholderbüschen und Heidelbeeren, die letzten Gehölze, die hier noch zu finden sind. Noch weiter oberhalb beginnt die Bergtundra, der Lebensraum für eine Vielzahl bunt blühender Kräuter und Blumen. Im Sommer überziehen farbige Teppiche von Frühlingsküchenschelle, Dickblatt-Steinbrech, Stengellosem Leimkraut oder Purpur-Enzian das Fjell. Noch höher hinauf gehen Alpen-Azalee, Silberwurz und Zwittrige Krähenbeere, auch Fjell-Krähenbeere genannt, die nur im Hochgebirge vorkommt. Den Höhenrekord hält der Gletscher-Hahnenfuß, der fast bis zum Gipfel des Glittertind hinaufklettert. In abflusslosen Senken sind im Laufe der Jahrtausende Moore entstanden, hier wachsen neben den charakteristischen Torfmoosen Lappland-Läusekraut und Moltebeere.

Im Reich des Steinadlers

So karg die Lebensbedingungen in Jotunheimen auch sind, eine ganze Reihe von Tieren findet hier doch ihr Auskommen. Rentiere sind die charakteristischen Fjellbewohner, und einige wildlebende Herden streifen auch jetzt noch durch den westlichen Teil des Nationalparks, allerdings sind sie durch domestizierte Artgenossen aus dem größten Teil Jotunheimens verdrängt worden. Auch die Jagd hat in der Vergangenheit ihren Tribut gefordert. Die anderen großen Pflanzenfresser Rothirsch und Elch findet man heute nur noch im Utladalen. Mit den wilden Rentieren ist auch der Braunbär verschwunden, der hier seinen angestammten Lebensraum hatte. Mit etwas Glück bekommt man jedoch heute noch Luchse, Vielfraße und Schneehasen zu Gesicht. Gele-

Der Prestesteinsvatnet (rechts) ist nur einer der unzähligen Seen, an denen die Sognefjell-Hochstraße vorbeiführt. Polarfüchse (oben) fühlen sich in der Tundra Jotunheimens auch im Winter bei klirrender Kälte und Schnee wohl. Sie leben vorwiegend von Lemmingen, im Herbst teilen sie mit den Menschen die Vorliebe für Moltebeeren.

gentlich kann man sogar einen Polarfuchs beobachten, der einem Alpenschneehuhn nachstellt, das noch relativ häufig zu finden ist. Aber nicht nur am Boden gibt es etwas zu sehen. Selten sieht man kreisende Steinadler. Sie sind die Könige des Fjells. Ihre kleineren Verwandten sind die Raufußbussarde, die man wesentlich häufiger antrifft. Goldregen- und Mornellregenpfeifer hört man eher, als man sie sieht. Schneeammern dagegen begegnet man in den höheren Lagen fast auf Schritt und Tritt. Die Männchen mit ihrem auffälligen schwarzweißen Gefieder sind während der Brutzeit weder zu übersehen noch zu überhören.

Auf den Spuren der Jäger und Händler

Jäger und Fischer sind schon vor mehr als 5000 Jahren in Jotunheimen zu Hause gewesen. Am Gjendesee und am Russvatnet gibt es Siedlungsrelikte, die 3000 Jahre vor der Zeitenwende entstanden sind. Reste von Fallgruben sind Zeugnisse der frühen Rentierjagd, die die wichtigste Nahrungsgrundlage für die Menschen war. Durch Jotunheimen führte auch ein Handelsweg, die Sognefjell-Straße. Darauf wurden von der Küste Salz und Fisch, insbesondere Hering, nach Ostnorwegen befördert, und von dort kamen Leder, Butter, Teer und Eisen zurück. Die Lasten trugen Menschen und

Saumpferde. Die ersten Touristen kamen im 19. Jahrhundert hierher. Heute ist die Straße gut ausgebaut und führt als Sognefjell-Hochstraße durch die fantastische Landschaft. 1886 wurde der DNT (Den Norske Turistforening) gegründet, der überall im Lande, auch in Jotunheimen, Wanderwege und Übernachtungshütten einrichtete. Doch erst seit 1980 ist Jotunheimen ein Nationalpark.

Zu den höchsten Wasserfällen Norwegens

Zwar kein Geheimtipp mehr, doch wegen des immer noch mehr als zweistündigen Anmarsches vom Massentourismus bisher verschont, liegt der Vettisfossen im Utladalen. Er ist mit einer Fallhöhe von 275 Metern der höchste Wasserfall Norwegens und wurde bereits 1924 unter Schutz gestellt, um ihm das Schicksal der Regulierung zu ersparen. Neben dem Vettisfossen gibt es zwei weitere große, den Hjelledalsfossen und den Avdalsfossen, sowie eine Unzahl kleinerer Wasserfälle im Utladalen. Auch heute noch ist das Tal kaum erschlossen und in seiner Ursprünglichkeit erhalten. Ein Besuch des Vettisfossen ist unbedingt zu empfehlen. Die leichte Wanderung führt sechs bis sieben Kilometer zunächst auf einer Schotterstraße, später auf einem Pfad von Hjelle über Vetti hinauf.

ÜBERNACHTUNG AUF FAST 1000 METERN

Wer Norwegen kennenlernen will, kommt an den Wanderhütten des DNT nicht vorbei. In Jotunheimen bietet sich dafür die Gjendebu Turisthytte an. Sie wurde bereits 1871 eingerichtet und ist damit die älteste Hütte Norwegens. Die Wirtsleute sorgen von Ende Juni bis Mitte September für das leibliche Wohl der Gäste. Auch über Ostern ist das Haupthaus mit seinen 134 Betten geöffnet. Außerhalb der Saison kommt man mit dem Standardschlüssel des DNT in den Selbstbewirtschaftungsteil der Hütte. Erreicht wird die Hütte über die E 16 und R 51 bis Gjendesheim und von dort mit dem Boot über den Gjendesee nach Gjendebu.

WEITERE INFORMATIONEN

Gjendebu Turisthytte: N–2868 Lom, Tel. +47/91 57 49 65, Tel. privat (außerhalb der Öffnungszeiten): +47/61 21 13 37
Den Norske Turistforening: N–0181 Oslo, Youngstorget 1, Tel. +47/40 00–18 68, E-Mail: info@turistforeningen.no, Internet: www.turistforeningen.no/deutsch

21 Der Jostedal-Nationalpark

Auf dem größten Gletscher Europas

Wieder einmal Superlative! 487 Quadratkilometer überdeckt der Jostedalsbreen, damit ist er der größte Gletscher Europas. In Nord-Süd-Richtung erstreckt er sich 100 Kilometer lang, seine größte Breite beträgt 15 Kilometer. An der dicksten Stelle lastet eine Eisschicht von 500 Meter Mächtigkeit auf dem Felsuntergrund. 22 Gletscherzungen fließen vom Jostedalsbreen in Richtung Jostedal. Neun Kilometer lang ist die längste Gletscherzunge, der Nigardsbreen.

Vom Schmelzwasser des Jostedalsbreen- und des Tindefjellbreengletschers wird der Loenvatnet gespeist (unten). Nur wenig höher fließen die Zungen des Jostedalgletschers in die Täler (rechts oben). Gelb leuchten die Blüten der Moltebeere in der Tundra zu Füßen des Jostedalsbreen. Schafe grasen, wo ein 2000 Meter mächtiger Eisschild das Land bedeckte (rechts unten).

Der Jostedal-Nationalpark wurde 1991 eingerichtet und umfasst heute eine Fläche von 1310 Quadratkilometern. Auf einer Höhe von 1600 bis 1900 Meter überdeckt er das Felsplateau. Lediglich zwei Berggipfel ragen über das Eis hinaus. Zum Glück ist nicht nur der Jostedalsbreen in den Nationalpark einbezogen worden, sondern auch große Teile des angrenzenden Jostedalen. Ein Besuch bietet jedem etwas. Von den Orten Jostedalen, Veitastrond, Fjærland, Stardalen, Oldedalen und Lodalen führen gut ausgebaute Straßen in den Park. Schon auf dem Weg dorthin wird die ganze Vielfalt der Landschaft deutlich. Vom Fjord über die von den Gletschern ausgeschobenen und heute mit üppiger Vegetation bewachsenen und landwirtschaftlich genutzten Täler, gewaltig aufgeschobenen Moränen bis hin zu kahlen Felslandschaften, von denen Wasserfälle herabstürzen, und natürlich den eisigen Gletschern sind alle Landschaftsformen auf engem Raum zu sehen.

Naturerleben auf unterschiedlichste Weise

Vielfältig sind die Möglichkeiten, diese Landschaften zu erleben. Wanderungen auf gekennzeichneten Naturpfaden, Kajaktouren auf dem Gletschersee in Jostedal, Rafting auf dem Jostedøla vom Jostedalsbreen-Nationalpark zum Lusterfjord und Bootsfahrten auf verschie-

MIT DEM GLETSCHERBUS INS EIS

Jeden Tag startet der Gletscherbus um 8.45 Uhr in Richtung Nigardsbreen, der wohl schönsten Gletscherzunge des Jostedalsbreen. Der Nigardsbreen ist leicht zu erreichen, und auch die Wanderung um die Eistürme und Spalten ist nahezu für jedermann möglich. Bevor jedoch der Gletscher erwandert wird, sollte man eine Bootsfahrt mit der »MS Jostedalsrypa« über den vor dem Gletscher liegenden See machen. Anschließend wird man von speziell ausgebildeten Gletscherführern durch das Eislabyrinth geleitet. Es werden ein Familienspaziergang sowie eine kurze und eine lange Eiswanderung angeboten. Kinder müssen für den Familienspaziergang sechs, für die Wanderungen zwölf Jahre alt sein. Um 17 Uhr wird man wieder abgeholt. Bezahlt wird im Bus.

denen Gletscherseen gehören zum Angebot. In den Gewässern rund um den Jostedalsbreen kann man Forelle, Bergforelle, Lachs und Aal angeln. »Troll Autos«, offene Wagen für bis zu sieben Personen, fahren vom Parkplatz in Briksdalen circa 3 Kilometer in Richtung Gletscher. Von dort aus sind es etwa 500 Meter zu Fuß bis zum Briksdalsbreen, der wie ein geologisches Ge-schichtsbuch Auskunft über die Ent- wicklung der Gletscherlandschaft gibt. Junge Gletscher im Dienst der Wissenschaft Gletscher gelten weltweit als Reste großer Eisschilde, die nach dem Ende der letzten Eiszeit vor etwa 10 000 Jahren nicht vollständig abgeschmolzen sind. Beim Jostedalsbreen und noch einigen anderen Gletschern ist das nicht so. Nachdem die Eismassen verschiedener Eiszeiten die heute vorhandenen Täler im Jostedal-Nationalpark ausgeschoben und gewaltige Moränen zurückgelassen hatten, schmolzen sie vollständig ab. Vor etwa 2500 Jahren begann eine neue Kälteperiode, und die Gletscher begannen wieder zu wachsen. Sie gipfelte in der »kleinen Eiszeit« etwa um das Jahr 1750. Zu dieser Zeit hatte auch der Jostedalsbreen seine größte Ausdehnung. Im Jahr 1743 zerstörte der Nigardsbreen bei seinem Vorstoß das Dorf Nigard. Er hatte in 50 Jahren drei Kilometer Länge zugelegt. Seit 1748 hat er sich wieder um fünf Kilometer zurückgezogen. Dieser Pro-

zess dauert immer noch an. Einzelne Gletscherzungen sind allein im Jahr 2007 um über 150 Meter zurückgewichen. Für die Glaziologie ist der Jostedalsbreen mit seinen Gletscherzungen ein ideales Studienobjekt. Nirgendwo sonst gibt es so viele »frische« Moränen und »junges« Eis an so gut zugänglichen Stellen.

Mit Elch und Rothirsch auf Tuchfühlung

So vielfältig die Landschaft, so reichhaltig die Tier- und Pflanzenwelt. Mit dem Rückzug des Eises kehrten auch Rothirsch und Elch zurück. Sie sind im Nationalpark nicht selten, man braucht jedoch ein wenig Geduld, um sie zu Gesicht zu bekommen. Auch Rentiere und selbst Braunbären leben hier. Vor den Tieren waren schon die Pflanzen hier. Zunächst Moose und Flechten, später Heidekraut und niedrige Büsche, bis sich zuletzt ein Wald aus Erlen, Birken und Kiefern etablierte. In den Bächen sind Forelle, Lachs und Aal ebenso zu Hause wie der Nationalvogel Norwegens, die Wasseramsel. Sie ist der einzige Singvogel, der im und am Wasser leben kann. Sie läuft am Grunde der Bäche entlang und sucht dort nach Wasserinsekten. Bis zu 15 Sekunden bleibt sie unter Wasser, dann muss sie Luft holen. In den sauberen und unverbauten Bächen des Nationalparks kann man sie immer wieder beobachten.

WEITERE INFORMATIONEN

Breheimsenteret: N–6871 Jostedal, Tel. +47/57 68 32 50, F-Mail: jostedal@jostedal.com, Internet: www.jostedal.com

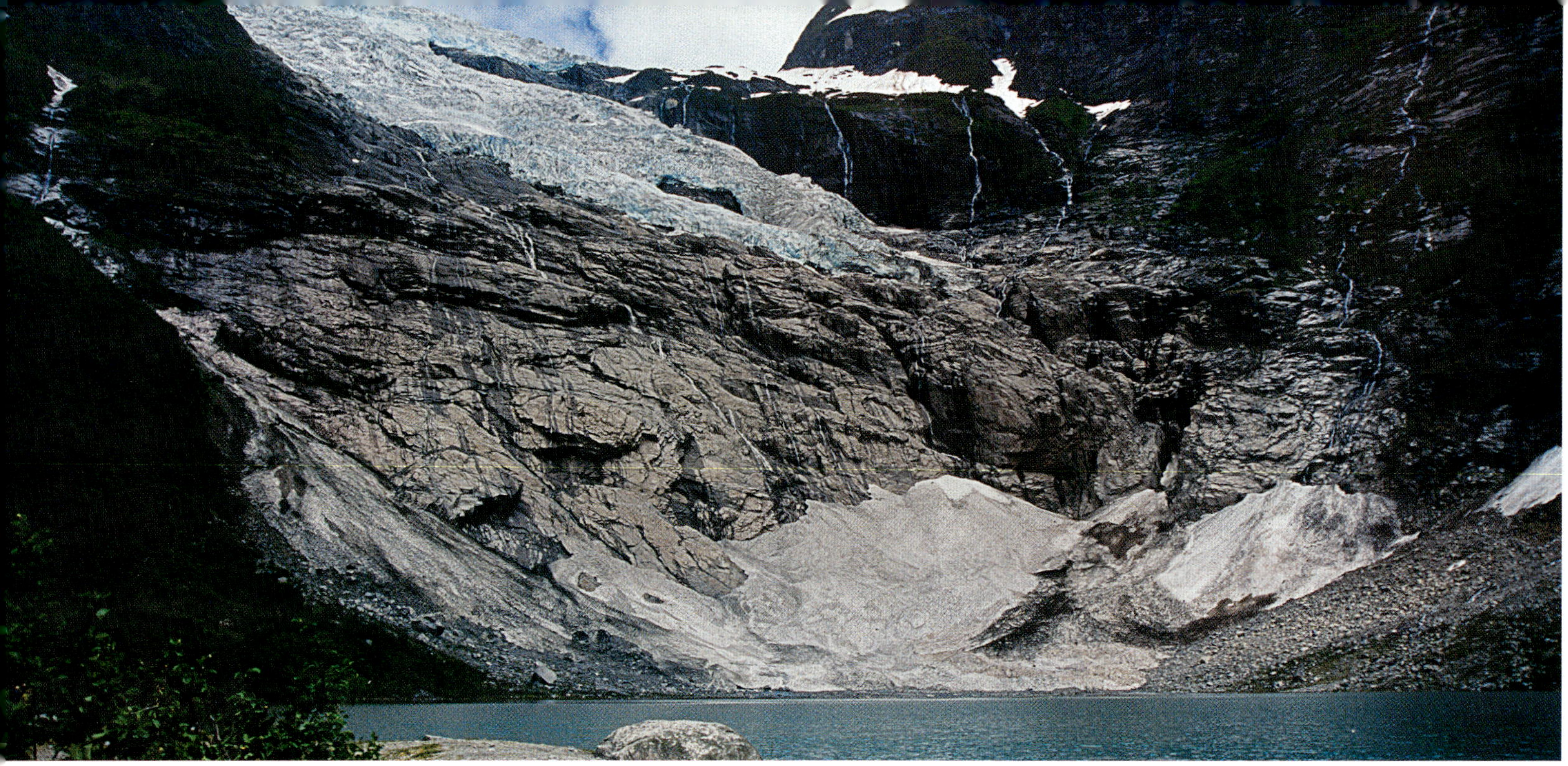

Auch der Boyabreen, der südliche Ausläufer des Jostedalbreen, schmilzt unaufhörlich. Vor 100 Jahren bedeckte er noch die heutige Hauptstraße, die nun Besucher zu ihm führt.

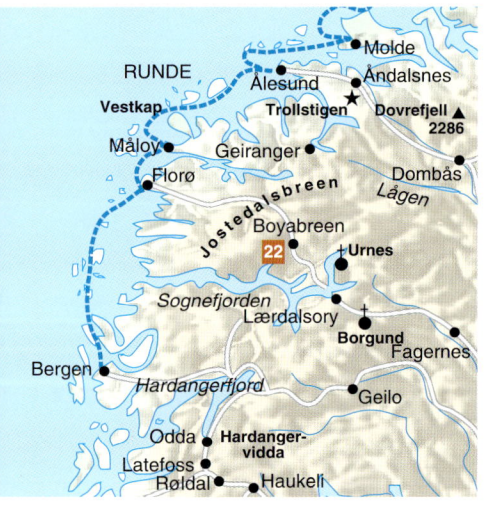

22 Der Boyabreen – ein Gletscher zum Anfassen

Der Schnellste unter den Gletschern

Gletscher fließen, wenn auch langsam aber stetig zu Tal. Diese Fließbewegung ist in der Regel so langsam, dass sie durch einfache Beobachtung nicht wahrgenommen werden kann. Beim Bøyabreen und beim Supphellebreen, zwei der insgesamt zweiundzwanzig Gletscherzungen des Jostedalbreen ist das anders. Sie fließen mit der für Gletscher atemberaubenden Geschwindigkeit von zwei Metern pro Tag talwärts.

Wer wenig Zeit hat oder die anstrengenden Wanderungen auf dem Briksdalsbreen oder dem Nigardsbreen scheut, muss auf das Erlebnis Gletscher nicht verzichten. Der Boyabreen, eine weitere Gletscherzunge des Jostedalsbreen in der Nähe von Fjærland, bietet dazu Gelegenheit. Sein tiefster Punkt liegt nur 150 Meter über dem Meeresspiegel. Dort fließt er mit einer Geschwindigkeit von zwei Metern pro Tag über eine steile Felskante herab bis an das Ufer eines kleinen Sees, an dem er dann eine Eisbarriere bildet. Das ist die höchste Fließgeschwindigkeit aller Gletscher in Norwegen. Man kann dort ohne Anstrengung bis an das Eis heranwandern und den Gletscher im wahrsten Sinne des Wortes »begreifen«. Allerdings teilt auch der Boyabreen das Schicksal der anderen Gletscherzungen – er schmilzt dahin. Im Jahr 2007 war die Verbindung des über die Felskante fließenden Eisstromes mit der Eisbarriere am Fuß der Felsen erstmals komplett abgerissen. Es wird also höchste Zeit hinzufahren. Nicht nur weil es auf dem Weg liegt, sondern vor allem weil es ungeheuer interessant ist, sollten Sie vorher dem Norsk Bremuseum, ebenso bekannt als «Norwegisches Gletschermuseum & Ulltveit-Moe« noch einen Besuch abstatten, um alles Wissenswerte nicht nur über den Bøyabreen zu erfahren, sondern ebenso über das empfindliche Zusammenspiel von Mensch und Natur in der polaren Zone. Bereits die Architektur des Museums ist äußerst sehenswert. Zu erreichen ist der Boyabreen mit dem Auto von Fjærland über die Reichsstraße 5 in Richtung Skei.

INFO: www.bre-museum.no

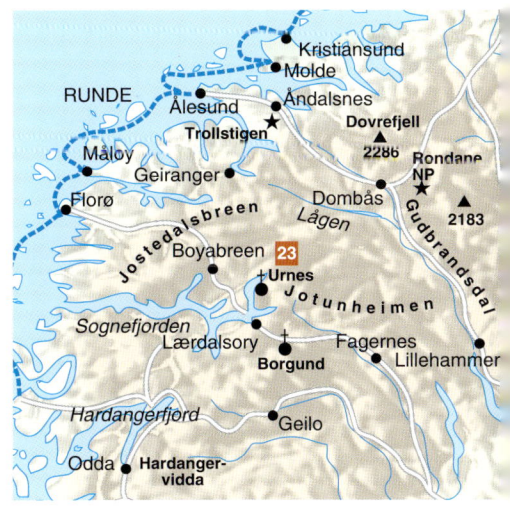

23 Holzkunst in Vollendung

Die Stabkirche zu Urnes

Um das Jahr 1030 war die kleine Halbinsel Orneset im Lustrafjord einer der Brückenköpfe für die Christianisierung Norwegens. Nur wenige Jahrzehnte, nachdem sich der norwegische König Harald Blauzahn (Haraldr blátǫnn, 910–987) hatte taufen lassen und auch seinen Untertanen das Christentum befahl, wurde hier die erste Stabkirche errichtet. Der »Alte Brauch«, wie die ursprüngliche Götterverehrung hieß, lebte aber noch lange Zeit neben dem Christentum weiter.

Die Stabkirche zu Urnes ist in idealer Weise in die Landschaft eingepasst worden. Auch wenn sie nicht mehr als Kirche genutzt wird, ist der Besucher versucht, hier einige Minuten in stiller Andacht zu verweilen und die schönen Schnitzereien zu bewundern.

Sie ist nicht die größte und vielleicht auch nicht die spektakulärste, aber mit Sicherheit die älteste Stabkirche Norwegens. 1323 wurde die Kirche erstmals schriftlich erwähnt, sie ist aber wesentlich älter. Bereits um das Jahr 1050 wurde auf der Halbinsel Orneset ein erstes Gotteshaus errichtet, das jedoch bereits in der ersten Hälfte des 12. Jahrhunderts durch einen Neubau ersetzt wurde. Das Portal, einige Wandverkleidungen und Eckpfeiler aus der ersten Kirche wurden jedoch wiederverwendet und sind bis heute erhalten, obwohl auch die zweite Kirche schon wenig später einem weiteren Neubau weichen musste. Die Baumstämme hierfür sind in der Zeit zwischen 1129 und 1130 geschlagen worden. Um zu verhindern, dass das Holz im Kontakt mit dem Bo-

den fault, wurde der Holzrahmen, auf dem die Kirche errichtet wurde, auf ein Steinfundament gelegt. Die Bögen im Gewölbe der Kirche sind aus rund gewachsenen, starken Ästen gefertigt. Der Bau von Kirchen markiert auch einen Wendepunkt in der Religionsausübung. In der vorchristlichen Zeit galten Seen, Flüsse, Moore, markante Felsen oder Bäume als heilig und wurden als sakrale Kultstätten und Thingplätze genutzt. Mit dem Christentum verlagerten sich die Rituale in sakrale Gebäude, die Kirchen. Seit 1979 steht die Kirche in der Liste des Weltkulturerbes, doch bereits seit 1880 wird sie vom Norwegischen Verein für Denkmalpflege unterhalten. Die Kirche erreicht man von Bergen aus über die E 16 und R 55 bis Solvorn. Von dort verkehrt eine Fähre nach Urnes.

Viele der Speicherhäuser am Brosundet werden heute als Wohnhäuser genutzt (oben). Holmbua ist eines der wenigen Speicherhäuser, die vom Feuer verschont blieben. Hier im Fischereimuseum sieht es noch so aus wie vor 150 Jahren (rechts).

24 Ålesund – mehr als Stockfisch und Jugendstil

Eine Stadt wie Phönix aus der Asche

Ålesund, das ist zu Recht das Synonym für Jugendstil in Norwegen. Keine andere Stadt hat einen Kern, der durch diese Stilrichtung so geprägt ist wie diese. Und doch wird man dem Ort nicht gerecht, wenn er darauf reduziert wird. Ålesund ist mehr! Ålesund ist in hohem Maße geprägt durch Kunst und Kultur, Handel und Fischerei, Natur und Tourismus.

Ålesund ist, gemessen an der tausendjährigen Geschichte anderer norwegischer Städte, eine junge Stadt. Zwar sind auch hier 1000 Jahre alte Siedlungsreste gefunden worden, und es gab auch schon im 12. Jahrhundert eine Kirche, auf deren Resten die 1904 erbaute Borgund-Kirche steht. Aber erst in der Mitte des 15. Jahrhunderts wird der Ort erstmalig urkundlich als Niederlassung einiger Kaufleute aus Bergen erwähnt. Es dauerte dann immerhin noch etwa 400 Jahre, bis König Oscar I. von Schweden Ålesund im Jahr 1848 die Stadtrechte verlieh. Seit dieser Zeit wuchs die Stadt kontinuierlich. Insbesondere die Fischerei trug zu Wachstum und Wohlstand bei. Der Hafen von Ålesund wurde einer der wichtigsten Fischereihäfen und ist bis heute der größte Exporthafen Norwegens für Stockfisch.

Zerstörung als Chance

Ålesund könnte bis heute eine typische norwegische Kleinstadt mit bunten, malerischen Holzhäusern sein, hätte nicht ein Ereignis stattgefunden, das die Stadt von Grund auf veränderte. In der Nacht vom 22. zum 23. Januar 1904 fiel in einer Margarinefabrik eine Petroleumlampe um. Kleine Ursache, große Wirkung: Die Lampe setzte das Gebäude in Brand. Durch stürmischen Wind begünstigt, breitete sich das Feuer rasend schnell aus. Innerhalb von 16 Stunden waren 850 Häuser in Ålesunds Innenstadt in Schutt und Asche gelegt. Zehntausend Menschen waren schlagartig obdachlos. Rasche Hilfe war in den stürmischen Wintertagen nach dem Brand daher dringend notwendig. Aus allen Teilen des Landes wurden Hilfskräfte und Handwerker herbeigeholt, um die schlimmsten Folgen der Katastrophe

Jedes Haus hat andere Jungendstil-Ornamente an Giebeln, Haustüren und im Treppenhaus (oben). Auch wenn der Oldtimer schon einige Jahre auf dem Buckel hat: Ålesund ist eine junge, fröhliche Stadt (unten).

zu beseitigen. Unerwartete Hilfe kam aus Deutschland. Kaiser Wilhelm II., der auf seiner Jacht »MS Hohenzollern« in Norwegen regelmäßig seinen Urlaub verbracht und auch Ålesund häufig besucht hatte, reagierte sofort. Bereits vier Tage nach dem Brand erreichten vier Schiffe mit Hilfsgütern den Hafen der Stadt, die nach ihrer Entladung als Notunterkünfte für die obdachlos gewordenen Einwohner Ålesunds dienten. Die Bürger dankten dem Herrscher, indem sie eine der Hauptstraßen nach ihm benannten und ihm ein Denkmal im Stadtpark errichteten.

Das verheerende Feuer wurde, wie in anderen Städten Norwegens auch, zum Anlass genommen, nur noch aus Stein gemauerte Häuser in der Innenstadt zuzulassen. Dies war die große Chance für junge norwegische Architekten, die mit dem Wiederaufbau beauftragt wurden. Sie waren von dem damals international modernen Jugendstil mit seinen dekorativ geschwungenen Linien, flächenhaften floralen Ornamenten und der Aufgabe von Symmetrien stark beeinflusst. Gleichzeitig unterlagen sie jedoch auch nationalromantischen Impulsen. Daraus entstand eine einzigartige Stilmischung, die den Reiz der Stadt ausmacht. Bereits 1907 waren die Schäden des Feuers weitgehend beseitigt und die Stadt erstrahlte in neuem Glanz, den sie auch heute noch zeigt.

Ein Spaziergang durch die Stadtgeschichte

Ein Spaziergang durch die Stadt versetzt den Besucher in die Zeit des beginnenden 20. Jahrhunderts zurück. Sie liegt, malerisch durch Brücken verbunden, über drei Inseln im Brosundet verteilt. Man kann die Stadt auf eigene Faust erkunden oder sich einer Stadtführung anschließen, die in der Saison vom 20. Juni bis 25. August täglich um 12 Uhr angeboten wird. Sie sollten nicht versäumen, das Jugendstilmuseum und das Kunstmuseum zu besuchen, durch die Fußgängerzone zu schlendern und am pittoresken Brosundet, dem Meeresarm, an dem Ålesund liegt, den Fischern zuzusehen, die ihren Fang direkt vom Kutter aus verkaufen. Im Fischereimuseum, das in einem der wenigen Häuser untergebracht ist, die den Brand von 1904 unversehrt überstanden haben, erfahren Sie alles über den Fang und die Weiterbearbeitung von Stockfisch, der den Aufschwung Ålesunds erst möglich gemacht hat. Lebende Fische können im Atlantikpark,

einem der größten Aquarien in Nordeuropa, beobachtet werden. In großen Becken sind untermeerische Landschaften naturgetreu nachgestellt, jeden Tag kann man Tauchern beim Füttern der Fische zusehen.

Wer sich einen Überblick über Stadt und Umgebung verschaffen und körperlich betätigen will, sollte vom Stadtpark aus die 418 Stufen zum Aussichtspunkt auf dem Hausberg Aksla hinaufsteigen. Von dort geht der Blick über die Stadt, die vorgelagerten Inseln und die südlich gelegenen Sunnmøre-Alpen. Wer sich die 418 Stufen nicht zutraut, kann auch mit dem Auto auf den Berg fahren. Von dort aus lohnt sich ein Abstecher zum Sunnmøre-Museum, ein wunderbar in die Landschaft eingepasstes Freilichtmuseum in der Bucht Borgundkaupangen. Eine der Attraktionen ist die Sammlung historischer Boote, darunter das Wikingerschiff Borgundknarren, mit dem auch kurze Fahrten angeboten werden – nicht nur für Kinder ein besonderes Vergnügen. Ein Besuch im Mittelaltermuseum, das ebenfalls auf dem Gelände des Freilichtmuseums errichtet wurde, ist ebenfalls zu empfehlen.

Ålesund ist auch Ausgangspunkt für Exkursionen auf das Meer hinaus sowie über Land. Zu den besonderen Attraktionen gehören organisierte Fjord- und Angelfahrten oder ein Besuch der Vogelinsel Runde. Landratten werden auf gut angelegten Wegen zu Wanderungen eingeladen.

Mit dem Auto oder dem Bus führt eine gut ausgebaute Straße durch die schöne Fjordlandschaft zum Trollstigen mit der Trollwand, die als Europas höchste Steilwand gilt.

Wen die Musen küssen

Kultur wird groß geschrieben in Ålesund. In jedem Jahr findet im März das Ålesund-Theaterfestival mit Gastspielen internationaler Ensembles, mit Konzerten und Kindertheater statt. Freunde der Bigband-Musik sollten das dreitägige Ålesund-Big-Band-Festival im Juni nicht versäumen, zu dem Bands aus ganz Norwegen aufspielen. Wer den Gaumenfreuden verfallen ist, kann sich von den Kochkünstlern verwöhnen lassen, die alljährlich im August und September aus allen Teilen des Landes zum Norwegischen Gourmetfestival und der Norwegischen Meisterschaft für Köche nach Ålesund anreisen. Darüber hinaus warten Galerien, Ausstellungen, Konzerte über das ganze Jahr hinweg mit interessanten Angeboten auf. Cineasten werden sich im liebevoll restaurierten Løvenvold-Kino mit seinen im alten Stil gehaltenen Freskenmalereien nicht nur wegen der Filme wohlfühlen.

ES MUSS NICHT IMMER FISCH SEIN …

… aber in Ålesund sollte man sich maritime Leckerbissen nicht entgehen lassen. Nicht umsonst besitzt die Stadt den wichtigsten Fischereihafen Norwegens. Frischer kann man Fische, Hummer und Königskrabben nicht bekommen. Aber auf die Zubereitung kommt es an! Und davon verstehen die Köche im »Sjøbua Fiskerestaurant« eine Menge. Es zählt nicht nur zu den bekanntesten Fischrestaurants Norwegens, sondern besticht auch durch sein Ambiente. Es ist in einem liebevoll restaurierten Speicher am Hafen untergebracht, die Fische werden den Köchen direkt vom Kutter in die Küche gereicht. Adresse: Brunholmgata 1 A. Das Lokal ist an Sonn- und Feiertagen geschlossen.
Tel. +47/70 12 71 00,
E-Mail: sjoebua@xi.no

WEITERE INFORMATIONEN

Touristeninformation in Ålesund:
Skateflukaia, N–6002 Ålesund,
Tel. +47/70 15 76 00, E-Mail: info@visitalesund.com, Internet: www.visitalesund.com

Ein Blick vom Hausberg Aksla über Ålesund ist zu jeder Tageszeit reizvoll, besonders schön ist er aber, wenn die untergehende Sonne die Stadt und die Bucht in weiches, rotes Licht taucht.

An den flachen Küstenabschnitten rasten die Seevögel nur, hier zu brüten wäre zu gefährlich. Nur die steilen Felsen bieten Sicherheit vor Füchsen und Ratten. Auch die Inselbewohner, die in früheren Jahren hier regelmäßig Eier aus den Nestern geholt haben, müssen die Vögel nicht mehr fürchten. Die Vogelfelsen stehen unter Naturschutz (rechts).

25 Arktische Brüderchen, Trottellummen und Basstölpel

Das Who's who der Seevögel auf Runde

Nur 6,4 Quadratkilometer ist die Insel Runde groß, und doch ist sie Brutrevier oder Rastplatz für 225 verschiedene Vogelarten, von A wie Austernfischer bis Z wie Zwergmöwe. Damit gibt es auf der Insel mehr Vogelarten als Einwohner. Das sind nämlich ganze 150. Gegenüber den bis zu 500 000 Vögeln, die jedes Jahr zum Brüten auf die Insel kommen, sind sie deutlich in der Minderzahl. Auch einige Tausend Vogelfreunde, die zum Beobachten hierher kommen, verschieben das Verhältnis nicht wesentlich.

Runde liegt etwa 30 Kilometer südwestlich von Ålesund in der Gemeinde Herøy. Die Insel ist durch eine nacheiszeitliche Landhebung entstanden und erhebt sich als steiles Gebirge aus dem Meer. Höchster Punkt ist der Runde Varden mit 333 Metern. In den bis zu 250 Meter hohen Felswänden im Westen der Insel liegen die Brutkolonien der Seevögel, während sich die 150 Einwohner auf die Orte Runde und Goksøyr verteilen. Im flachen Unterland, das den Fuß der Berginsel im Süden und Osten umgibt, wird noch heute Landwirtschaft betrieben. Neben der Landwirtschaft bilden Fischerei und in zunehmendem Maße Tourismus die Lebensgrundlage der Einwohner. Viele Wege führen nach Runde. Von Ålesund kommend ist das die Fähre Sulesund – Hareid auf der Insel Hareidlandet. Dann geht es auf der Reichsstraße 61 zunächst weiter bis auf die Insel Gurskøya, von dort auf der Reichsstraße 654 nach Runde. Von Süden kommend empfiehlt es sich, die Reichsstraße 61 bis zur Fähre Koparnes – Årvik zu nutzen. Von dort weiter über die R 61 und R 654 bis Runde. Die Inseln sind durch mautfreie Brücken verbunden. Auf Runde empfiehlt sich eine Wanderung zu den Vogelklippen. Von dort aus sind die Papageitaucher sehr gut zu beobachten. Bei einer Bootstour kann man die Vogelkolonien auch vom Meer aus beobachten.

Vogelkolonie im Naturhochhaus

Der Vogelfelsen auf Runde ist der größte Norwegens südlich des Polarkreises. Hier brüten regelmäßig 48 verschiedene Vogelarten, darunter mit Ausnahme des hocharktischen Krabbentauchers alle Alkenarten des Atlantiks. Weitere elf Arten brüten gelegentlich auf der Insel. Seeadler, Habicht, Wander- und Gerfalke sind während des ganzen Jahres um die Insel herum zu beobachten, brüten jedoch auf anderen Inseln oder auf dem Festland. Für alle anderen dort bisher beobachteten Arten ist Runde ein wichtiger Rastplatz auf dem Weg in die noch weiter nördlich gelegenen Brutgebiete und auf dem Rückweg in die Überwinterungsgebiete im Süden.

Für Seevögel sind die Vogelfelsen auf Runde ideal. Die Insel liegt mitten in fischreichen Gewässern, wo es Nahrung im Überfluss gibt, und die steilen, bis zu 250 Meter hohen Felswände bieten sicheren Schutz für die Brut. Auf den ersten Blick sieht das Vogelgewimmel auf den Felsbändern und -vorsprüngen chaotisch aus, bei genauerem Hinsehen wird jedoch eine fein abgestufte Ordnung erkennbar. Es gibt zwar keine absolut strenge Trennung, aber jede Art hat ihr eigenes Stockwerk in der Steilwand. Die Papageitaucher, die mit wissenschaftlichem Namen »Fratercula arctica« heißen, was so viel wie »Arktisches Brüderchen« bedeutet, sind immer weit oben auf dem Plateau der Felsen zu finden. Dort, wo sich schon eine Vegetationsdecke gebildet hat, graben die Vögel dicht unter der Oberfläche einen Tunnel, in den sie ihr einziges Ei legen. 100 000 Paare brüten auf Runde.

Nur wenig unterhalb brüten die Eissturmvögel, elegante Flieger, die ohne Flügelschlag stundenlang über dem Meer segeln können. An den vermeintlich absolut glatten Wänden der Steilwand sitzen die Lummen auf schmalen Felsbändern. Auf Runde sind dies sowohl Trottel- als auch Dickschnabellummen. Auch sie legen nur ein Ei, das sie direkt auf das Felsband legen. Das Ei ist birnenförmig, und wenn es einmal angestoßen oder vom Wind bewegt wird, rollt es um seine eigene Achse und fällt nicht von dem Felssims. Direkt daneben, aber meist auf einzelnen Felsvorsprüngen bauen Dreizehenmöwen ihre Nester. Die werden in jedem Frühjahr nicht nur ausgebessert, sondern auch aufgestockt, und erreichen nach einigen Jahren eine Höhe von 40 Zentimetern und mehr. 50 000 Paare kommen in jedem Frühjahr zum Brüten nach Runde. Noch eine Etage tiefer brüten die Tordalken, ebenfalls Vertreter der Alkenvögel wie Papageitaucher, Lummen und Gryllteisten. Die Gryllteisten, taubengroße schwarze Vögel mit weißen Flecken auf den Flügeln und leuchtend roten Füßen, brüten noch weiter unten, schon fast an der Wasserlinie. Dort, in die schmalen Klüfte

zwischen Geröll und Felsen, die aus der Steilwand herabgestürzt sind, legen sie ihr einziges Ei. Die Basstölpel halten sich etwas separat auf eigenen Felsen auf, ebenso wie Meerscharben und Kormorane. Große Teile der Insel stehen unter Naturschutz und dürfen während der Brutzeit der Vögel vom 15. März bis 31. August nur auf den markierten Wanderwegen betreten werden. Das war nicht immer so. Jahrhundertelang haben die Bewohner der Insel nicht nur von der Fischerei, sondern auch von den Vögeln und deren Eiern gelebt. Ein nicht ungefährliches Unterfangen, denn die Klippen sind steil.

Lebensversicherung für Vögel, tödliche Gefahr für Schiffe

Während die steilen Klippen den dort brütenden Vögeln den besten Schutz vor Füchsen, Ratten und anderen Nesträubern bieten, stellen sie für die Seefahrt eine oft tödliche Bedrohung dar. Mehr als ein Schiff ist schon an den Felsen der Insel Runde zerschellt und gesunken. Bis in das Jahr 1588 reicht die Geschichte der »Castillo negro« zurück, eines spanischen Kriegsschiffes, das auf der Flucht vor den Engländern im Sturm vor Runde gesunken ist. Bis heute wird nach dem Wrack gesucht, das reiche Schätze an Bord gehabt haben soll. Bei

der Suche nach der »Akerendam«, einem holländischen Segler, der im März 1725 ebenfalls in einem Sturm gesunken ist, waren drei Sporttaucher erfolgreicher. Sie fanden das Wrack in 20 Meter Tiefe und konnten 60 000 Gold- und Silbermünzen mit einem Gewicht von 560 Kilogramm an Land bringen. Die »Akerendam« war gemeinsam mit zwei weiteren Schiffen in den Niederlanden gestartet, um in Batavia, dem heutigen Djakarta, Gewürze und andere Waren einzukaufen. An Bord hatte sie 19 Kisten mit frisch geprägten Gold- und Silbermünzen. Die Schiffe wurden in einem Sturm getrennt, und die 44 Meter lange, mit 40 Kanonen bewaffnete »Akerendam« zerschellte auf den Felsen an der Nordwestspitze der Insel. Alle 200 Seeleute kamen dabei ums Leben. Ein Teil der Ladung wurde an Land gespült, darunter mehrere Fässer mit französischem Wein, sehr zur Freude der Inselbewohner. Auch fünf der neunzehn Goldkisten wurden damals schon geborgen, aber danach geriet das Wrack in Vergessenheit. Erst 1972 konnte der Rest geborgen werden. Ein Teil des Runde-Schatzes befindet sich heute in der Münzsammlung der Universität Oslo und in den Schifffahrtsmuseen von Bergen und Oslo. Eine Kanone des Schiffes kann auf dem Campingplatz in Goksøyr besichtigt werden.

26 Wo Trolle lauern – Trollstigen und Trollwand

Über den Trollpfad hoch über dem Meer

Mehr als eine halbe Million Besucher pro Saison lassen sich den wirklich spektakulären Ausblick vom 850 Meter hoch gelegenen Aussichtspunkt auf der Passhöhe des Trollstigen, des Trollpfads, nicht entgehen. Doch vor den Erfolg haben die Trolle den Schweiß gesetzt – den Angstschweiß, der ausbrechen kann, wenn man mit dem Auto auf dem schmalen, bis zu 12 Prozent steilen Trollstigen die halsbrecherischen elf Haarnadelkurven durchfährt und plötzlich Gegenverkehr auftaucht.

Schon in kurzer Entfernung von der Trollstigen Fjellstue auf der Passhöhe herrscht wieder Ruhe (unten). An windgeschützten Stellen blüht hier der Klatschmohn (rechts unten). Der Trollveggen sieht nicht nur kahl und abweisend aus, er ist es auch (rechts oben). Der Stigfossen überzieht den Trollstigen mit einem Sprühnebel (rechts Mitte).

Dann bleibt nichts anderes übrig, als entweder selbst bis zur nächsten Ausweichstelle zurückzufahren oder den Entgegenkommenden dazu zu bewegen. In der Regel funktioniert das jedoch problemlos. Vor dem Ausbau des Trollstigen zu einer von Fahrzeugen passierbaren Straße im Jahre 1936 gab es an dieser Stelle nur einen schmalen Saumpfad, der zum Teil noch erhalten ist und von vielen Wanderern genutzt wird, um ohne Motorunterstützung die Trollsleiter hinauf- oder hinunterzusteigen. Acht Jahre Bauzeit waren nötig, um die Straße in den Fels zu schlagen. Seit seiner Eröffnung gehört der Trollstigen zu den schönsten und bekanntesten Straßen Norwe-

gens. Er ist Teil der »Goldenen Route«, die von Åndalsnes bis zum Geirangerfjord führt. Auch heute noch ist sie sehr schmal und überdies durch Steinschlag gefährdet. Allerdings sind in den letzten Jahren erhebliche Anstrengungen zur Entschärfung sowohl einiger der engsten Kurven als auch zur Vermeidung von Steinschlag unternommen worden. Zuletzt flossen im Jahr 2005 umgerechnet zwei Millionen Euro in die Unterhaltungs- und Umbauarbeiten. Trotzdem ist der Trollstigen weiterhin nur in den Sommermonaten je nach den Witterungsbedingungen von Mitte Mai bis Ende August geöffnet. Bei drohendem Gewitter, Nebel und Regen sollte man die Route meiden.

Wo Trolle lauern – Trollstigen und Trollwand

Anhalten lohnt sich

Gleichgültig, ob man aus dem Isterdal kommend den Trollstigen hinauffährt oder in Gegenrichtung unterwegs ist, es lohnt sich, an den wenigen Ausweichstellen anzuhalten und den Blick zu genießen, denn es sind immer andere Perspektiven, aus denen man das Tal und natürlich den Trollstigen sieht. Ein Muss ist der Stopp an der Brücke über den Wasserfall Stigfossen, der in wunderschönen Kaskaden 320 Meter über die Felsen rauscht. Die größte Fallhöhe beträgt 40 Meter. Er wird aus dem Alnesvatnet und dem Bispetvatnet gespeist, zwei Seen, die auf 744 Meter beziehungsweise 1002 Meter Höhe liegen. Bei etwas stärkerem Wind, der hier nicht gerade selten ist, weht der Sprühnebel des Stigfossen auch über die Straße und durchnässt Besucher, die sich zu nahe herangewagt haben.

Fernsicht vom Pass

Auf der Passhöhe blüht der Tourismus in Reinkultur. Souvenirhütten und ein Restaurant, die »Trollstigen Fjellstue«, sind auf die großen Besucherzahlen zwar eingerichtet, doch in der Hochsaison drängeln sich hier trotzdem die Menschen. Doch nur wenige hundert Meter vom Parkplatz entfernt wird es ruhiger, und vom Aussichtspunkt Utsikten aus kann man den Blick auf den Trollstigen und die bis zu 1700 Meter hohen Berge König, Königin und Bischof genießen. Wer ein Gespür für die kleinen Dinge am Wegesrand hat, wird sich über die wunderbar bunten Flechten und grünen Moose auf den sonst kahlen Felsen freuen, die an einen Flickerlteppich erinnern.

Vom Trollstigen zum Trollveggen

Nicht weit vom Trollstigen entfernt liegt im Romsdal die Trollwand im Gebirgszug Trolltinden, dessen höchster Gipfel der Breitinden mit 1797 Metern ist. Vom Trollstigen ist die Trollwand oder Trollveggen, wie sie auf Norwegisch heißt, leicht über die Reichsstraße 63 bis Åndalsnes und von dort über die E 136 Richtung Süden zu erreichen. Schon die Fahrt durch das enge Tal, in dem sich die Straße den Platz mit dem Fluss Rauma teilen muss, ist ein Erlebnis. Bis fast 1800 Meter ragen beidseits die Felswände auf. Während die Passhöhe des Trollstigen für jedermann besteig- oder befahrbar ist, kann das von der Trollwand nicht behauptet werden. 1000 Meter ragt sie nahezu senkrecht in die Höhe und besitzt dazu noch einen Überhang von 50 Metern. Damit ist sie die höchste freistehende Felswand Europas. Sie liegt an der Ostflanke des 1788 Meter hohen Store Trolltind. Eine Herausforderung für Bergsteiger: Erst 1965 gelang es zwei Teams, die Wand zu durchklettern.

EIN MUSEUM FÜR GIPFELSTÜRMER

Åndalsnes hat als Stadt nicht viel zu bieten, denn sie wurde 1940 bei einem Bombenangriff völlig zerstört. Wenn Sie aber wissen wollen, wer Arne Randers Heen und Ralph Høibakk waren oder was der Finne Jorma Öster gemacht hat, dann müssen Sie nach Åndalsnes fahren. Im dortigen Gipfelmuseum erfahren Sie es! Hier wird die abenteuerliche Geschichte des Bergsteigens in der Region nachgezeichnet. Legendäre Bergsteiger wie Heen und Høibakk, die 1958 erstmals den Trollrücken, die mit über 40 Seillängen längste Kletterführe Norwegens, bezwungen haben, werden ebenso vorgestellt wie Jorma Öster, der 1980 als erster Gleitschirmflieger von der Trollwand gestartet ist. Dazu gibt es ein Fülle von Informationen zu den einzelnen Gebirgszügen und Gipfeln. Prädikat: Sehenswert.

WEITERE INFORMATIONEN

Norsk Tindemuseum: Strandgata 6, N-6300 Åndalsnes, Tel.: +47/90117234, E-Mail: info@tindemuseet.no, Internet: www.tindemuseet.no

Hoch ragt das Vestkapp über das Meer. Bei klarem Wetter blickt man weit über die zerklüftete norwegische Westküste, über grüne Heidelandschaften und über die Gletscher und Berge im Osten. Imponierend ist auch der umgekehre Blick von Honningsvåg auf das Kapp (rechts unten).

27 Vestkapp – das Kap Hoorn des Nordens?

Seefahrt zu Wasser und über Land

Ebenso wenig wie das Nordkap der nördlichste Punkt Norwegens ist, markiert das Vestkapp den westlichsten Ausläufer des Landes. Doch der 497 Meter hohe, auch »Weibsbild« genannte Felsen am Ende der Halbinsel Stadlandet ist zum Symbol für die Seeleute geworden, die hier an den steilen Klippen ums Leben gekommen sind. Bereits im 9. Jahrhundert war das Vestkapp gefürchtet.

Unendlich viele wahre und erfundene Geschichten über versunkene Schiffe und ertrunkene Seeleute ranken sich um Stadhavet, die am Vestkapp vorbeiführende Meeresstraße. Den größten Friedhof Norwegens hat man sie auch genannt. Schon Harald Schönhaar, der erste König Norwegens, vermied es, im Herbst um das sturmumtoste Kap zu segeln. Belegt ist, dass 15 Schiffe im Jahr 1594 vor dem Vestkapp gesunken sind und dabei fast 500 Menschen zu Tode kamen. 1869 fegte ein schwerer Orkan über das Kap. Bis heute steht die genaue Zahl der damals ertrunkenen Fischer nicht fest. Aus neuerer Zeit ist das Unglück des Fischkutters »Brenning« bekannt, der 1956 im Sturm kenterte und alle 19 Besatzungsmitglieder mit in die Tiefe riss. Eine noch größere Katastrophe konnte im letzten Moment verhindert werden, als im Jahr 2003 das Hurtigrutenschiff »Midnatsol« bei starkem Sturm einen Motorschaden hatte und auf die Klippen zu treiben drohte. Zum Glück konnte der Anker das Schiff 150 Meter vor dem Kliff halten. Bisher wurden 58 Schiffswracks im Stadhavet entdeckt, die genaue Zahl wird wohl nie ermittelt werden. Mittlerweile sind sie begehrte Ziele für Taucher geworden.

Kreuzungspunkt der Strömungen

Nirgendwo in Norwegen ist die Zahl der Sturmtage höher als am Vestkapp. Wenn der Wetterbericht wieder einmal meldet, dass ein Sturmtief heranzieht, legen selbst erfahrene Fischer einen Ruhetag ein. Denn hier trifft der Golfstrom, von Südwesten kommend, auf die norwegische Küste. Von Westen kommt oben-

drein häufig eine lange Dünung aus dem Atlantik und dazu kurze, harte, von den Felsen reflektierte Wellen. Das alles vermischt sich bei Sturm zu einem tobenden Inferno, das die Seefahrt vor dem Kap zu einem lebensgefährlichen Abenteuer werden lässt.

Bei Sturm über Land

Weil das Vestkapp bei Sturm nicht zu umsegeln war, warteten die Schiffe nördlich und südlich der Halbinsel Stadlandet, bis sich die Wetterbedingungen wieder besserten. Das konnte sehr lange dauern, und so kam man schon vor Jahrhunderten auf die Idee, die Schiffe über Land zu transportieren. Bei Dragseidet wurden die Schiffe auf die andere Seite der Halbinsel gezogen. Der höchste Punkt dieses Weges ist der Kongshaugen, der Königshügel, auf dem Olav Tryggvason im Jahre 997 die Bauern der Regionen Firda, Sygna, Møre und Raumdøla zwang, das Christentum anzunehmen. Ein 1913 errichtetes Denkmal auf dem Kongshaugen erinnert bis heute daran.

Aus der Not eine Tugend machen

Der aufwendige Schiffstransport auf dem Landweg wurde bis weit in das 20. Jahrhundert beibehalten, und auch heute noch wird darüber nachgedacht, diese Route zu wählen. Allerdings sehen diese Pläne inzwischen den Bau eines gigantischen Schiffstunnels durch die Halbinsel Stadlandet vor, der auch von großen Passagierschiffen genutzt werden kann. Ob und wann das Projekt jedoch in die Tat umgesetzt wird, steht noch in den Sternen. Bis dahin wird es den Kapitänen auch in Zukunft hohes nautisches Können abverlangen, das gefährliche Kap zu umfahren.

Was für Schiffe eine große Gefahr darstellt, wird von den Surfern begeistert aufgenommen. Wenn der Wind aus Südwest bis Nordwest bläst, schlägt ihre Stunde. Am Ervikstrand herrschen dann ideale Bedingungen sowohl für Anfänger als auch für Könner auf dem Brett. Zu den ganz Harten zählen allerdings die Surfer, die sich im Winter am Strand von Hoddevik treffen. Kräftige Westwinde verschaffen ihnen dort hohe Wellen und ein eiskaltes Vergnügen. Aber nicht nur Wassersportler kommen hier auf ihre Kosten. Der weiße Strand ist im Sommer ein Anziehungspunkt für Sonnenhungrige jeden Alters, denn das Vestkapp bremst die kühlen Winde aus dem Norden. Das Wasser bleibt aber frisch.

STADHAVET AUS DER VOGELPERSPEKTIVE

Wer am Vestkapp nicht sonnenbaden, surfen, segeln oder tauchen will, dem sei ein Besuch des »Weibsbildes« angeraten. Aus 497 Metern über dem Meer hat man einen grandiosen Blick nicht nur auf die See, sondern weit über die Halbinsel Stadlandet in das Hinterland hinein. Von Leikanger führt eine gut ausgebaute Straße auf das Plateau des Felsens. Dort oben befindet sich das »Café Vestkapphuset« mit großzügigen Panoramafenstern, die auch und gerade bei schlechtem Wetter einen Blick auf das Wasser gestatten. Die ebenfalls auf den Klippen errichtete Messstation des norwegischen meteorologischen Dienstes zeichnet rund um die Uhr Wetterdaten auf.

Das Vestkapp ist auch bei Ornithologen beliebt, denn von hier aus kann man im Frühjahr und Herbst den Vogelzug nahezu in Augenhöhe mit den Vögeln beobachten.

WEITERE INFORMATIONEN

Vestkapphuset: Tel. +47/57 85 68 17, E-Mail: post@vestkapp.no, Internet: www.bdb.no

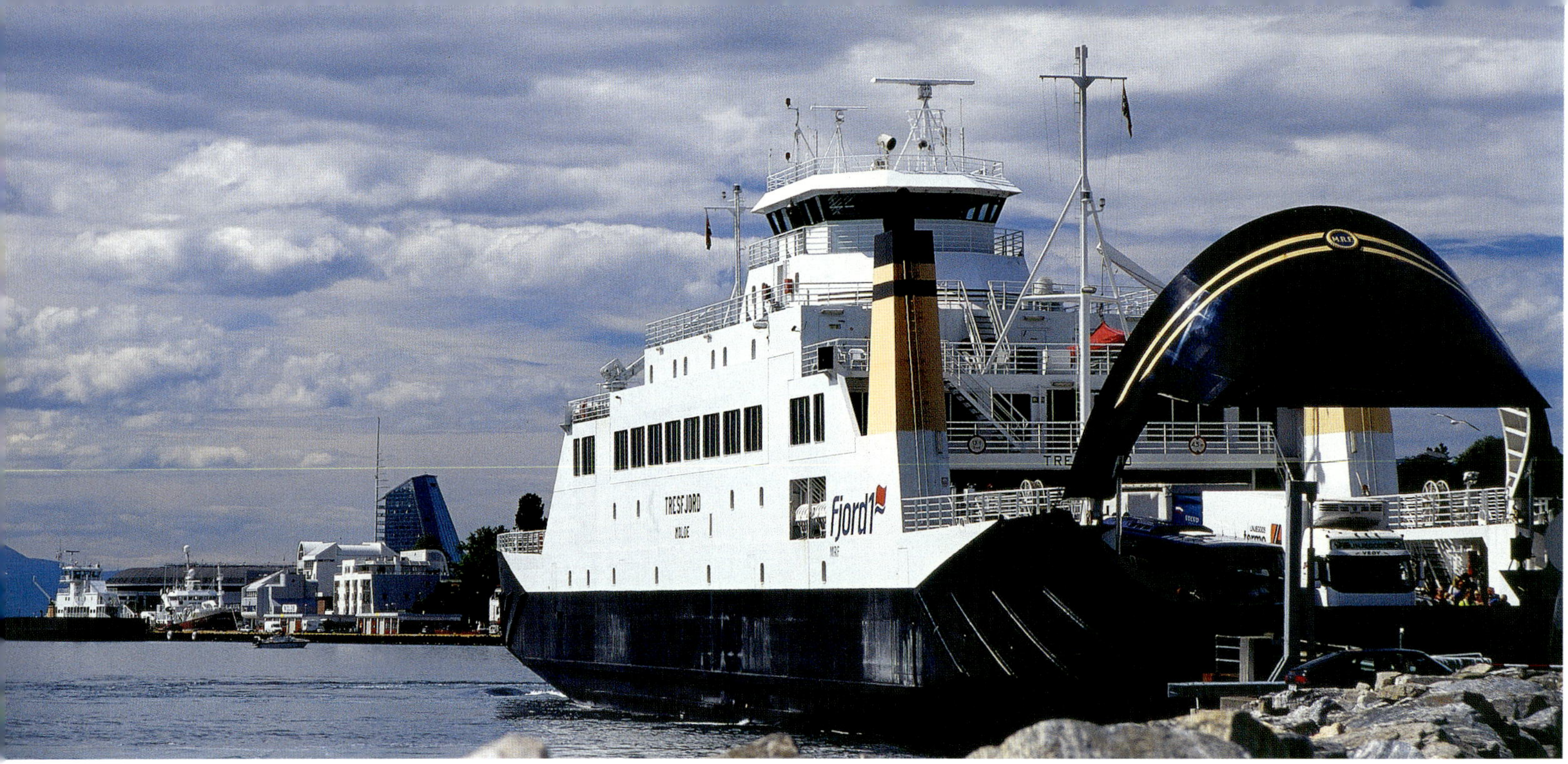

Seefahrt mit Schiffen und Booten war eine zwangsläufige Folge der Lage am Meer. Fähren sind immer noch eines der wichtigsten Verkehrsmittel (oben). Nahezu jeder Küstenbewohner hat aber zusätzlich sein eigenes Boot, und jedes Haus hat auch einen Eingang am Wasser (rechts).

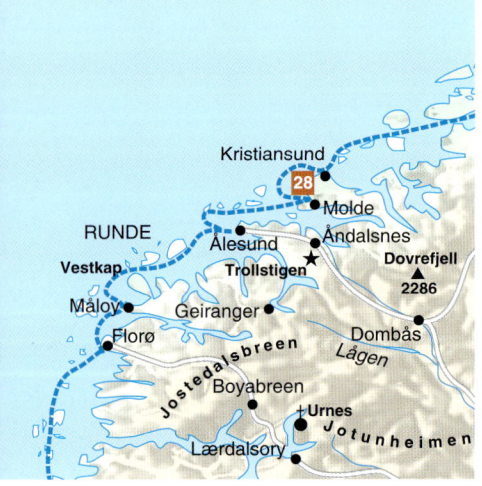

28 Es muss nicht immer Seefahrt sein

Alte und neue Wege über Land

Auch wenn die Hauptverkehrswege Norwegens traditionell Wasserwege waren und sind, bestand immer die Notwendigkeit, auch das Hinterland mit Waren und Post zu versorgen. Der Landweg wurde auch dann gewählt, wenn Schiffe wegen Sturm und Seegang nicht fahren konnten. So entstanden im Laufe der Zeit vor allem im südlichen und mittleren Teil Norwegens zunächst Pfade, später Kutschenwege und zuletzt das moderne norwegische Straßennetz, bis heute in annähernd gleicher Trassenführung.

In Nord-Süd-Richtung und meist in der Nähe der Küste verliefen die Landwege als Ersatz für die Schiffe, die wegen schlechter Witterungsbedingungen in ihren Häfen bleiben mussten. Zu den von Westen nach Osten verlaufenden Verbindungen gab es keine schiffbaren Alternativen. Die Fjorde wurden bis zum Ende befahren, und dann musste jedes Gramm Ware auf Schultern, Pferde, Fuhrwerke oder Kutschen umgeladen werden. Schon vor der Wikingerzeit durchzog ein Netz von Pfaden und Wegen das Binnenland.

Mit dem Saumpferd von Bergen nach Trondheim

In der zweiten Hälfte des 18. Jahrhunderts wurden zunächst größere Städte wie Oslo, Bergen und Trondheim regelmäßig über Land mit Post versorgt. Dazu waren Wege notwendig, die auch bei schlechter Witterung nutzbar waren. Aufgrund eines Erlasses von Christian VII. von Dänemark legte man von 1786 bis 1792 als eine der ersten Verbindungen den Postweg von Bergen nach Trondheim an. Er war eine der drei Hauptpostrouten zwischen den Städten. Zunächst nutzten nur Saumzüge und Reiter den Postweg. Dafür war der schmale Weg ideal. Ein Saumzug bestand aus mehreren Pferden, die hintereinander angebunden waren. Nur das erste Pferd wurde geführt. Jedes Pferd trug eine Ladung von 120 bis 130 Kilogramm. Auf diese Weise war jedoch der Transport größerer Warenmengen sehr langwierig und mühsam. Bereits kurze

Zeit später erfolgte deshalb der Ausbau für Gespanne und Kutschen. Damit wurde auch der Bau von Rasthäusern und Pferdewechselstationen notwendig. Aus dieser Zeit ist noch die Kutschenstation Faleide Skysstasjion erhalten. Auch einige der vielen damals in Trockenmauertechnik gebauten Steinbrücken existieren noch. Die erhaltenen Abschnitte der historischen Trasse zwischen Hyllestad und Fjaler sind bei Wanderern und Radfahrern gleichermaßen beliebt, denn motorisierten Verkehr gibt es dort noch immer nicht. In seinem weiteren Verlauf nach Norden erreicht der Postweg Stryn, einen hübschen kleinen Ort an einem

Nebenarm des Nordfjordes. Dort kreuzt er eine andere historisch bedeutsame Trasse, den Strynefjellsvegen.

Von Stryn über das Fjell nach Skjåg

Vor 1894 existierten für den Warenverkehr von Stryn am Meer und Skjåg auf der anderen Seite des »hohen Gebirges« nur einige wenige Saumpfade. Von der Planung bis zur Einweihung der Straße, die ein Musterbeispiel dafür ist, wie man einen Verkehrsweg optimal in die Landschaft einpassen kann, vergingen 13 Jahre. In Handarbeit wurde die Trasse eingeebnet, Begrenzungssteine wurden aus dem Granit geschlagen und Randmauern errichtet. Nur im Sommer war die 27 Kilometer lange Strecke in ganzer Länge passierbar. Der Besucher fährt aus der schroffen Felslandschaft der jüngeren westlichen Berge in das alte, durch Erosion und Gletscherschliff abgerundete östliche Gebirge. Fast hundert Jahre lang blieb der Strynefjellsvegen die einzige Straßenverbindung ins Hinterland. Erst 1978 wurde ein neues Teilstück mit drei Tunneln für den Verkehr freigegeben, das ganzjährig befahrbar ist. Landschaftlich wesentlich reizvoller ist aber die alte Streckenführung, die heute Gamle Strynefjellsvegen heißt. 1997 wurde diese Strecke zur »Touristenstraße« und 2003 nach weiteren Umgestaltungsmaßnahmen zu einer der »Grünen Straßen« Norwegens, die durch landschaftlich besonders reizvolle Gebiete führen. Auf der Strecke lohnt es sich daher anzuhalten und die Landschaft zu genießen. Das erste Ziel auf dem Weg nach Skjåg ist die alte Jøl-Brücke aus dem Jahr 1883. Die Bogenbrücke aus Gneisblöcken ragt an ihrem höchsten Punkt 60 Meter über den Fluss, acht Meter Mauerwerk bilden den Bogen. Am Ende der Brücke beginnt ein steiler Trampelpfad, auf dem früher Kühe ins Skjerdingsdal getrieben wurden. Der nächste Stopp wird am See Vassvendtjerna eingelegt. Vassvenda heißt so viel wie Wasserscheide. Der See hat nämlich zwei Abflüsse, einen nach Westen fließenden, der im Nordfjord mündet, und einen nach Osten, der in die

Das Strynefjell ist eine raue Landschaft (unten). Zum Schutz vor starken Winden ist die Stabkirche Kvernes mit zusätzlichen Stützbalken versehen (oben). Wie eine Schlange windet sich der Atlanterhavsveien von Insel zu Insel (rechts).

Glomma fließt, die ihrerseits bei Fredrikstad ins Meer mündet. Am See steht noch die Vassvendigs-Herberge, eine Steinhütte, an welcher der alte Pfad durch das Gebirge vorbeiführt. Auch heute noch wird sie gelegentlich von Rentierhirten zur Übernachtung genutzt. Der See Heillstuguvatnet, das nächste Etappenziel, hat seinen Namen von den »Barmherzigkeitshütten«, die an seinen Ufern gebaut wurden. Es galt als gutes Werk, sie für Notleidende zu errichten. Eine davon ist in Resten erhalten, liegt aber auf der Südseite des Sees. Besser erreichbar sind die Spuren eines Siedlungsplatzes aus der jüngeren Steinzeit um 1000 v. Chr. auf einer Landzunge am Nordufer. Dort führt die Straße vorbei. Aber auch allein schon das Erleben der unberührten Natur, in der Steinadler am Himmel kreisen und Alpenschneehühner in der niedrigen Vegetation ihre Nahrung suchen, ist die Fahrt auf dem Gamle Strynefjellsvegen wert.

Über Inseln und Meer

Aus sehr viel jüngerer Zeit als der Trondheim-Postweg und die Strynefjellstraße stammt der Atlanterhavsveien, der sich trotzdem mühelos in die Tradition der Wegeverbindungen einfügen lässt. Mit ihm sollte eine feste Verbindung vom Festland auf die Insel Averøy geschaffen

werden. Beinahe wäre sie jedoch nicht realisiert worden. Ursprünglich seit 1909 als Eisenbahntrasse geplant, war der Atlanterhavsveien 1935 bereits zu den Akten gelegt worden. Erst in den 1970er-Jahren griff man die Idee, diesmal für eine Straße, wieder auf. Im Jahr 1983 begannen die Bauarbeiten, die Eröffnung folgte nach sechs Jahren Bauzeit am 7. Juli 1989. Wie eine Seeschlange mitten im Ozean windet sich der Atlanterhavsveien zwischen den von Wogen glatt geschliffenen großen und kleinen Inseln hindurch. Wind und Wellen sind hier die bestimmenden Faktoren und bieten alles, vom tosenden Sturm mit Brechern, die über die Straße schlagen, bis zur nahezu spiegelglatten See. Entlang des Atlanterhavsveien werden viele Aktivitäten angeboten. Angler haben die Möglichkeit, direkt an besonders eingerichteten Parkplätzen Köder zu fischen. Auch Radwanderer fühlen sich wohl, denn die größte Steigung beträgt nicht mehr als 8 Prozent, und das auch nur an den sechs Brücken, die über die Meeresarme führen. Taucher sollten nicht versäumen, zum Schiffsfriedhof von Hustadvika zu tauchen. Hier liegen viele Wracks, die in Stürmen gesunken sind. Zu empfehlen ist auch ein Ausflug zu der aus dem 13. Jahrhundert stammenden Stabkirche von Kvernes. Sie liegt südlich von Kristiansund.

29 Trondheim – Wiege des norwegischen Königtums

Die historische Hauptstadt Norwegens

Über 1000 Jahre alt ist Nidaros, die »Stadt in der Mündung des Flusses Nid«, wie Trondheim ursprünglich von ihrem Gründer König Olav I. Tryggvason genannt wurde, der dort im Jahr 997 seinen Königssitz errichtete. Die Keimzelle lag auf der Halbinsel Øra, einer alten Thingstätte. Von hier aus wurde die Christianisierung Norwegens vorangetrieben. Aber erst nach dem Tod seines Nachfolgers Olav II. Haraldson des Heiligen im Jahr 1030 erlangte die Stadt Reichtum und Größe.

In Trondheim liegt alles dicht nebeneinander: die Speicherhäuser am Fluss, die kleinen Altstadtläden und die »Gamle Bybrua«, die über 300 Jahre alte Stadtbrücke über den Nidelven, die die Zentrumshalbinsel mit dem Stadtteil Bakklandet verbindet. Ihre geschnitzten Tore werden auch »Pforten zum Glück« genannt.

Olav II. war in einer Schlacht mit aufständischen Bauern ums Leben gekommen und auf dem Schlachtfeld begraben worden. Als kurze Zeit später Gerüchte aufkamen, dass in der Gegend um das Grab Wunder geschehen sein sollen, wurde der Leichnam nach einem Jahr wieder ausgegraben. Angeblich war der Körper nicht in Verwesung übergegangen, sondern völlig unversehrt. Daraufhin wurde Olav nach Nidaros zurückgebracht und in einem Schrein in der Sankt-Klemens-Kirche aufgebahrt. Wenig später wurde er als Märtyrer heiliggesprochen.

Ein regelrechter Olav-Kult setzte nun ein, der dazu führte, dass Nidaros zu einer der bedeutendsten Pilgerstätten Europas wurde. Seit 1152 war Nidaros auch Bischofssitz. Dafür musste eine repräsentative Kirche geschaffen werden. Bereits 1070 war anstelle der Kapelle über dem Grab Olavs II. eine steinerne Kirche errichtet worden, die nun umgebaut und erheblich vergrößert wurde: der Nidarosdom. Auch die Stadt wuchs ungemein und wurde zur reichsten und größten Stadt Norwegens. Bis in das 14. Jahrhundert hinein war Nidaros Vormachtstellung ungebrochen. Dann jedoch

SYMBIOSE AUS MUSIK UND BLUMEN

Ein Ausflug der besonderen Art führt in den botanischen Garten der Stadt Trondheim. Innerhalb des Gartens am Ostrand der Stadt liegt das ehemalige herrschaftliche Anwesen Ringve Gård, welches das weltweit einzigartige Musik-Museum beherbergt. Musikinstrumente aus aller Welt, aber auch typisch norwegische Instrumente wie die Hardangerfiedel sind zu sehen. Musikstudenten führen durch die Ausstellungen und spielen die Instrumente auch. Einige Instrumente kann man auch selbst ausprobieren. Im »Tordenskiold Kro« wird mit frischen Waffeln und Kaffee für das leibliche Wohl der Besucher gesorgt. Ein Spaziergang im botanischen Garten rundet den Besuch ab.

verlor sie erheblich an Bedeutung. Gründe dafür waren vor allem der Aufstieg Bergens zur Niederlassung der Hanse, die Union Norwegens mit Dänemark seit 1380, aber auch die Reformation, die zur Beendigung der lukrativen Wallfahrten führte. Pestepidemien und verheerende Brände taten ein Übriges, um den Niedergang Trondhjems, wie die Stadt seit der dänischen Herrschaft hieß, zu fördern.

Trondheim blüht wieder auf

Nach einem weiteren Brand 1681, bei dem die gesamte Altstadt vernichtet wurde, erstand Trondheim nach dem Vorbild von Versailles völlig neu. Gleichzeitig wurde die Festung Kristiansten gebaut. Der Holzhandel und die strategisch günstige Lage ließen die Stadt im 17. und 18. Jahrhundert wieder aufblühen. Trondheims Hafenanlagen wurden ausgebaut, und die Stadt erhielt Anschluss an das Eisenbahnnetz. Im Zuge der Industrialisierung wuchs die Stadt. Heute besitzt Trondheim mehr als 173 000 Einwohner und ist damit die drittgrößte Stadt Norwegens.

Die Geschichte Trondheims ist an den historischen Gebäuden der Altstadt auf der Halbinsel Øra ablesbar. Das älteste Gebäude ist der Nidarosdom, dessen Ostteil fast unverändert aus dem 12. Jahrhundert erhalten ist, während die anderen Gebäudeteile mehrfach komplett erneuert wurden, nachdem mehrere Brände

die Kirche wiederholt in Schutt und Asche gelegt hatten, zuletzt 1719. Es dauerte dann 150 Jahre, bis der Wiederaufbau begann. Der berühmte norwegische Bildhauer Gustav Vigeland hat sich mehrere Jahre dem Wiederaufbau des Doms gewidmet. Bemerkenswert sind vor allem die Steinmetzarbeiten an der Westfront und die Glasmalereien von Gabriel Kielland. Bis heute ist der Nidarosdom der größte und wichtigste Sakralbau Norwegens. Unmittelbar nebenan liegt die ehemalige erzbischöfliche Residenz. Teile der Gebäude stammen noch aus dem 12. Jahrhundert. Damit ist die Residenz der älteste aus Stein errichtete Profanbau Norwegens. Die Gebäude beherbergen heute ein Waffen- und Fahnenmuseum sowie eine Dokumentation des norwegischen Widerstands gegen Hitlerdeutschland.

Mit dem Fahrradlift auf die Festung

Dagegen ist die oberhalb der Altstadt gelegene Festung Kristiansten nur rund 300 Jahre »jung«. 72 Höhenmeter sind zu überwinden, will man die Festung besichtigen. Kein Wunder also, dass hier der weltweit einzige Fahrradlift installiert wurde, mit dem Radfahrer, ohne in die Pedale treten zu müssen, bergauf fahren. Wieder in der Altstadt angekommen, warten die Gamle Bybrua, die alte Stadtbrücke von 1681, und die Speicherhäuser am Fluss auf den Besucher.

WEITERE INFORMATIONEN

Norges nasjonale museum for musikk: Lade Allé 60, N–7041 Trondheim, Tel. +47/73 87 02 80, E-Mail: firmapost@ ringve.no, Öffnungszeiten: Juni–August tgl. 10–17 Uhr, Sept.–Mai Di–So 11–16 Uhr

Eine typische Hochgebirgslandschaft bietet der Rondane-Nationalpark mit Gipfeln über 2000 Metern und ausgedehnten Hochebenen (oben). Schon kurz nach der Eiszeit waren Moschusochsen in ganz Europa ausgestorben. Seit 1947 haben sie im Dovrefjell-Nationalpark einen neuen Lebensraum gefunden (rechts).

30 Der Rondane- und der Dovrefjell-Sundalsfjella-Nationalpark

Bei Moschusochsen, Rentieren und Braunbären

Der Rondane-Nationalpark war 1962 der erste norwegische Nationalpark. 28 weitere folgten im Laufe der Jahre, darunter 2002 der Dovrefjell-Sundalsfjella-Nationalpark. Er liegt so dicht am Rondane-Nationalpark, dass beide landschaftlich ineinander übergehen. Zusammen sind sie mit 2656 Quadratkilometern größer als das Saarland und bieten alles: schneebedeckte Gipfel, felsige Hochebenen und Täler mit glasklaren Seen. Dazu eine reichhaltige Flora und Fauna.

Die beiden Nationalparks erstrecken sich von Norden nach Süden über die Provinzen Sør Trondelag, Oppland und Hedmark und sind Teile der wesentlich weiter ausgedehnten Gebirge und Hochplateaus Dovrefjell und Rondane. Das Dovrefjell bildet die Wasserscheide zwischen Westen und Osten. Höchster Berg ist der Snøhetta mit 2286 Meter Höhe. Der Park umfasst daher die höchsten Berge Norwegens nach dem Jotunheimen. Aufgrund der Lage und weitgehenden Abgeschiedenheit ist das Dovrefjell eines der wenigen intakten Hochgebirgsökosysteme Nordeuropas mit der für diese Lebensräume typischen Tier und Pflanzenwelt. Die prominentesten und prägen-

den Repräsentanten sind Ren, Vielfraß und Polarfuchs. Nach Südosten leitet das Dovrefjell zum Rondane-Gebirge über, das Teil eines Hochgebirgsrückens ist, der sich vom Dovrefjell bis fast nach Lillehammer hinunter erstreckt. Am höchsten ist der 2178 Meter hohe Rondslottet. Weitere neun Gipfel erreichen ebenfalls mehr als 2000 Meter. Wie ganz Skandinavien ist auch dieses Gebirge durch die Gletscher der Eiszeit und das Schmelzwasser nach deren Abtauen geformt worden. Erste menschliche Spuren im Dovrefjell reichen fast 9000 Jahre zurück. Steinzeitliche Jäger waren den Rentieren hierher gefolgt. Im Rondane-Gebirge haben sie eindrucksvolle, rund

3500 Jahre alte Rentierfallen hinterlassen. Sie errichteten Umzäunungen aus Steinen oder Bäumen mit nur einer Öffnung, durch die sie die Rentiere hineintrieben. Hinter den Tieren wurde die Öffnung geschlossen, sodass sie nicht mehr herauskonnten. Die Fallen wurden bis in das 14. Jahrhundert hinein benutzt. Reste findet man heute bei Grayhø und Bløyvangen.

Lebensraum für Spezialisten

Hohe Berge schirmen Dovrefjell- und Rondane-Nationalpark gegen die von Westen heranziehenden Tiefdruckgebiete ab, deren Wolken sich an den Westflanken der Berge abregnen. Nach Osten wird das Klima immer kontinentaler, mit kalten, trockenen Wintern und relativ warmen Sommern, in denen allerdings der Großteil der Niederschläge fällt. Durchschnittlich 500 Millimeter werden in Kongsvoll gemessen, nur etwas mehr als ein Fünftel dessen, was auf die Stadt Bergen niedergeht. Im Winter fällt das Thermometer bis auf minus 36 Grad Celsius, steigt aber im Sommer bis auf plus 28 Grad. Im Juli beträgt die Durchschnittstemperatur plus 10 Grad. Im Winter fällt wenig Schnee, sodass sich hier, anders als zum Beispiel im Jostedal-Nationalpark,

während der »kleinen Eiszeit« (s. Highlight 21) keine neuen Gletscher bilden konnten. Der größte Teil der Nationalparks liegt oberhalb der Baumgrenze, die bei 1000 bis 1100 Meter liegt. Wer hier überleben will, ob Pflanze oder Tier, muss kälteresistent und genügsam sein. Es sind nicht viele Tiere, die hier während des ganzen Jahres bleiben, aber es gibt sie. Allen voran die Rentiere, die während der Eiszeit in ganz Europa weit verbreitet waren und auch lange nach dem Ende der Eiszeit dort blieben. In Polen waren sie bis in das Mittelalter anzutreffen. Heute gibt es nur noch einige versprengte Vorkommen südlich des Polarkreises, darunter im Rondane-Nationalpark. Die Schätzungen schwanken zwischen 2000 und 4000 Tieren, die immer noch im Rhythmus der Jahreszeiten ihre Wanderungen machen. Dabei bleiben sie nicht nur in Rondane, sondern gelangen auch in den Dovrefjell-Sundalsfjella-Nationalpark. Ein weiteres Eiszeitrelikt ist die Sumpfmaus, die auch Nordische Wühlmaus genannt wird. Auch sie war einst in Europa weit verbreitet, kommt jedoch heute nur noch in den Hochgebirgsregionen Skandinaviens und in einer kleinen Restpopulation in Mecklenburg-Vorpommern vor. Die nächsten Vorkommen sind dann erst wieder in Sibirien zu finden.

Alteingesessene und Neubürger

Nicht auf kleine Restvorkommen beschränkt, aber doch in Europa selten geworden, sind Braunbären. Einige Exemplare sind im Rondane-Nationalpark zu Hause, von wo aus sie regelmäßig auch zu Wanderungen in den benachbarten Dovrefjell-Sundalsfjella-Nationalpark aufbrechen. Die Allesfresser ernähren sich in erster Linie von pflanzlicher Nahrung. Das bedeutet allerdings nicht, dass sie ihren Speiseplan nicht auch gern mit bodenbrütenden Vögeln und deren Gelegen, mit Hasen, Lemmingen und Sumpfmäusen bereichern. Auch Aas wird nicht verschmäht. Größere Säuger wie Elche oder Rehe, mit denen sie den gleichen Lebensraum teilen, werden nur angegrif-

Rentiere weiden selbst niedrigste Vegetation ab (unten). Unzählige Flüsse und Bäche durchziehen das Fjell. In abflusslosen Senken sind in Jahrtausenden Moore entstanden (rechts).

fen, wenn sie verletzt oder geschwächt sind. Gar keine Chance haben sie gegen die ausgesprochen wehrhaften Moschusochsen aus Grönland, die erstmals im Jahr 1927 im Dovrefjell wieder eingebürgert wurden. Während der Eiszeit waren sie in Europa verbreitet, wurden aber ein Opfer der sich verändernden Umweltbedingungen und der Jagd. Schon kurz nach dem Ende der Eiszeit gab es sie in Europa nicht mehr. Die 1927 ausgewilderten Tiere überlebten den Zweiten Weltkrieg nicht, und erst ein erneuter Versuch 1947 brachte den erhofften Erfolg. Heute leben wieder etwa 80 Moschusochsen im Dovrefjell. 1971 wanderten ein Bulle, zwei Kühe und zwei Kälber nach Schweden ab und begründeten dort eine eigenständige Population. Moschusochsen sind keine Rinder, sondern eher mit Ziegen, Gämsen und Schneeziegen verwandt. Als engste Verwandte gelten die Gorals, eine Gattung asiatischer, ziegenartiger Huftiere.

Gefiederte Vielfalt auf dem Dovrefjell

Nicht nur im Nationalpark selbst, sondern auch in den Schutzgebieten, die den Dovrefjell-Sundalsfjella-Nationalpark wie einen Puffergürtel umgeben, herrscht ein reiches Vogelleben. Die Moore sind nicht nur Rastgebiete für die hochnordischen Zugvögel auf ihrem Weg in die Arktis, sondern auch Brutgebiete für Kranich, Odinshühnchen, Regenbrachvogel, Prachttaucher und Blaukehlchen. Ein Besuch in Fokstymyra im Süden des Nationalparks ist Pflicht für jeden Vogelfreund. Über den Hochflächen kreisen Steinadler, Kornweihe und Gerfalke und selbst die wunderschönen Schnee-Eulen sind schon bei der Jagd auf Lemminge beobachtet worden.

Ein Mekka für Pflanzenliebhaber

Das Dovrefjell und das Rondane-Gebirge haben seit mehr als 250 Jahren die Botaniker beschäftigt, denn hier war die Einwanderungsgeschichte der Pflanzen nach der Eiszeit gut nachzuvollziehen. 420 verschiedene Pflanzenarten fand man am Dovrefjell, darunter 170 von 250 skandinavischen Gebirgspflanzenarten. Sie gedeihen vor allem auf den kalkreichen Gesteinen östlich des Flusses Drivdalen. Einige Endemiten, also Arten, die auf eine bestimmte Region beschränkt sind, kommen ebenfalls vor. Dazu zählen der Dovre-Mohn, der Dovre-Löwenzahn und der norwegische Beifuß. Silberwurz, verschiedene Steinbrecharten, Frühlingsküchenschelle und Moltebeere überziehen im Frühling und Sommer die Fjellflächen mit weißen, roten und violetten Teppichen.

BOTANIK IN KONGSVOLL

Kongsvoll, auch Kongsvold genannt, ist eine alte Poststation auf dem Königsweg über das Dovrefjell, der von den Wallfahrern benutzt wurde, um nach Nidaros zum Grab Olavs II. zu pilgern. Heute wird die »Kongsvold Fjeldstue« von Ellen und Knut J. Nyhus bewirtschaftet. Dort gibt es schmackhafte Hausmannskost. Trotzdem wäre die Fjellstue ein Gasthaus wie viele andere, wenn in den Räumen nicht auch noch das Informationszentrum des Nationalparks Dovrefjell-Sundalsfjella untergebracht wäre und ein gebirgsbotanischer Garten einen wirklich umfassenden Überblick über die hier vorkommenden Pflanzen gäbe. Auf einer zwei Kilometer langen Rundwanderung auf den Blumenberg Knutshø kann man seine Kenntnnisse überprüfen. Der Weg führt auch an einer der historischen Renfanganlagen vorbei.

WEITERE INFORMATIONEN

Kongsvold Fjeldstue: Dovrefjell, N–7340 Oppdal, Tel. +47/72 40 43 40, E-Mail: post@kongsvold.no, Internet: www.kongsvold.no

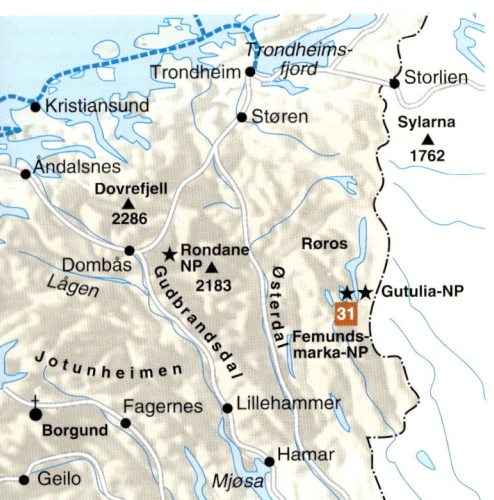

An den Ufern der Moore und Seen des Femundsmarka-Nationalparks gedeihen urwüchsiger Nadelwald und Birken. Die aus Blockbohlen erbauten Häuser von Røros wurden bereits 1923 unter Denkmalschutz gestellt, 1980 wurde »Den Gamle Bergstad« in die Weltkulturerbeliste aufgenommen (rechts).

31 Die Kupferstadt Røros und der Femundsmarka-Nationalpark

Weltkulturerbe durch Raubbau am Wald

Røros steht einerseits für 333 Jahre intensiven Kupferbergbau, gediegenen Wohlstand der Minenbesitzer, bittere Armut der einfachen Minenarbeiter und Raubbau an den dichten Wäldern der Region, dessen Spuren noch heute zu erkennen sind. Die Region Røros steht aber andererseits auch für eine immer noch grandiose Natur, die sich trotz der massiven Störungen in weiten Bereichen ihre Ursprünglichkeit bewahrt hat.

Einer Erzählung nach verdankt Røros seine Entwicklung zur Bergbaustadt einem Zufall. Der Bauer Hans Olsen Aasgen erlegte 1644 auf der Jagd einen Rentierbock, der im Todeskampf mit den Hufen einen in der Sonne glänzenden Stein freilegte, der sich als ein Stück Kupfererz entpuppte. Das war die Geburtsstunde der Stadt Røros, deren Keimzelle der Aasen Gard, der Aasen-Hof, war, der heute noch neben der Kirche erhalten ist. Noch im gleichen Jahr nahm Lorenz Lossius, ein Bergmann aus Sachsen, die Förderung auf, und bereits zwei Jahre später begann die Verhüttung in den Schmelzöfen. Soweit die Erzählung. Vermutlich hatte Lossius aber bereits Jahre vorher illegal Kupfererz geschürft. Das Røros Kob-

berverk wurde nun gegründet, und die Förderung begann. Da der Bergbau für Norwegen ein neuer Wirtschaftszweig war und Fachkräfte daher nicht vorhanden waren, holte man Bergleute aus allen Teilen Europas zum Aufbau und Betrieb der Gruben. Die Gewinnspannen waren hoch, und so avancierte Røros zu einer der wichtigsten Bergbaustädte Norwegens. Zwischen dem Beginn im Jahr 1644 und der Aufgabe 1977 wurden mehr als 100 000 Tonnen Kupfer und 525 000 Tonnen Pyrit, eine Schwefelverbindung, gefördert. Daneben wurden auch Eisenerz, Blei, Kobalt und Zink abgebaut, die ebenfalls gut vermarktet werden konnten. Eisenerz war übrigens bereits im 1. Jahrhundert im nur etwa 35 Kiometer von

Røros entfernten Ålen verhüttet worden. Vermutlich war es zu der Zeit aber im Tagebau gewonnen worden.

Wohlstand mit Nachgeschmack

Der Bergbau brachte den Betreibern ein beträchtliches Vermögen ein, während die Arbeiter in den Gruben häufig am Existenzminimum lebten. Sie wohnten in kleinen, grasgedeckten Häusern am Fuße der Schlackenhalden, die sich in der Stadt auftürmen. Die Kupfergruben lagen außerhalb, die Schmelzöfen jedoch im Zentrum, und die Schlacken wurden direkt im Ort abgelagert, wo sie auch heute noch liegen. Viele Häuser bestehen aus grob zugehauenen Stämmen und haben im Laufe der Jahrhunderte die Farbe der Umgebung angenommen. Sie sind immer noch bewohnt und wurden bereits 1923 unter Denkmalschutz gestellt. Die Wohn-

häuser der Ingenieure und Beamten dagegen sind wesentlich großzügiger und komfortabler. Sie sind zwar ebenfalls aus Holz, wurden aber verkleidet und regelmäßig gestrichen. Der Bergbau hat nicht nur die Stadt geprägt. Die dichten Wälder, die bis zur Mitte des 17. Jahrhunderts in der Region wuchsen, sind dem Energiehunger der Schmelzöfen fast restlos zum Opfer gefallen. Heute findet sich um Røros eine offene Landschaft mit nur wenigen Bäumen. Selbst in weiter entfernten Bereichen wie der Femundsmarka wurden bis an die schwedische Grenze und darüber hinaus Bäume eingeschlagen, obwohl dort in dem rauen Klima und auf den armen Böden nur Krüppelkiefern wachsen, deren Energieausbeute gering ist. Dort war 1744 ebenfalls ein Schmelzofen errichtet worden, der bis 1822 in Betrieb war. Zu diesem Zeitpunkt waren die ohnehin nur lückenhaften Waldbestände der Femundsmarka bereits weitgehend vernichtet. Bis 1860 wurde der Raubbau fortgesetzt, bis endlich geregelter Forstbetrieb der weiteren Waldvernichtung ein Ende setzte.

Aus der Pleite eine Tugend machen

In den 1970er-Jahren waren die Kupfervorkommen erschöpft. Schon vorher, im Jahr 1953, brannte die Schmelzhütte zum dritten Mal nieder und stellte daraufhin den Betrieb ein. 1977 musste die Kupferhütte Konkurs anmelden und wurde geschlossen. Zwei Jahre später wurde die bis zuletzt in Betrieb befindliche Olavs-Grube für Besucher geöffnet. Auch die alte Schmelzhütte ist seit 1990 ein Museum. In der Sommersaison wird dort zur Demonstration Kupfer geschmolzen und in Barren gegossen. Bereits 1980 war »Den Gamle Bergstad«, die alte Bergarbeiterstadt, in die Liste des UNESCO-Weltkulturerbes aufgenommen worden. Heute zählt Røros jährlich eine Million Besucher, die das Museum, die Bergarbeiterstadt, die Bergwerke selbst und die 1784 fertig gestellte Kirche der Stadt besuchen. Mit 1640 Sitzplätzen ist sie die drittgrößte Kirche Norwegens und für eine Stadt mit weniger als

Røros ist nicht nur Museum, sondern immer noch bewohnt; die alten Blockhäuser werden sorgsam in Schuss gehalten (unten). Seen, Moore und Wälder säumen den Weg zur Femundsmarka (rechts).

6000 Einwohnern ein wenig überdimensioniert; die Erbauer wollten damit wohl den Reichtum der Gemeinde demonstrieren.

Neue Chance für die Femundsmarka

Die Femundsmarka war auch schon vor der weitgehenden Abholzung der Waldbestände eine karge, durch die Eiszeiten geprägte Landschaft. Mehr noch als im Dovrefjell-Sundalsfjella- und Rondane-Nationalpark (s. Highlight 30) ist hier das Klima von langen strengen Wintern und kurzen Sommern geprägt. Die Tiefsttemperaturen erreichen im Winter bis zu minus 50 Grad Celsius. Der karge Baumbestand besteht aus Krüppelkiefern, nur in geschützten Bereichen an den Flüssen Mugga und Røa wachsen die Bäume dichter, und es mischen sich einige Birken und Erlen unter die Kiefern. Unzählige Moränenfelder, Felsblockschüttungen und Toteislöcher lassen die Kräfte erahnen, mit denen die eiszeitlichen Gletscher diese bizarre Landschaft geformt haben. Eine Vielzahl von Wasserläufen durchzieht das Gebiet, in denen neben Forellen auch Saiblinge, Felchen, Flussbarsche und Hechte leben. Langsam erholt sich auch die Vegetation vom Raubbau durch den Kupferbergbau, seit 1971 eine 390 Quadratkilometer große Teilfläche der Femundsmarka zum Nationalpark erklärt

wurde. Er schließt grenzübergreifend an den Rogen-Nationalpark in Schweden an, sodass hier ein insgesamt etwa 1600 Quadratkilometer großes, zusammenhängendes Schutzgebiet entstanden ist. Es führen keine Straßen in den Femundsmarka-Nationalpark, Besuchern steht ein ausgedehntes Netz von Wanderwegen zur Verfügung. Ein Schiff bringt sie vom Ort Elga über den Femundsee, von wo es zu Fuß weitergeht.

Tierwelt im Femundsmarka-Nationalpark

Die Fauna des Femundsmarka-Nationalparks ist wegen des harschen Klimas nicht sehr vielfältig, weist aber eine Reihe von Besonderheiten auf. Einige Moschusochsen haben sich vom Rondane- Nationalpark auf den mehr als 150 Kilometer weiten Weg zur Femundsmarka und in den Rogen-Nationalpark jenseits der schwedischen Grenze gemacht und dort eine eigene, überlebensfähige Population gebildet. An den Flussläufen bauen Biber ihre Dämme. Braunbär und Luchs sind gelegentlich hier, die Rolle der größeren Raubtiere hat aber meist der Vielfraß inne. Die Hirsche sind mit Elchen und Rentieren vertreten. Letzteren begegnet man häufig, doch handelt es sich um Haustiere samischer Rentierzüchter, die gelegentlich in den Nationalpark einwandern.

AUSFLUG IN DIE UNTERWELT

Unternehmen Sie eine Reise durch 333 Jahre Bergbaugeschichte in Røros. Bereits zwei Jahre, nachdem mit der Olavs-Grube die letzte Kupfermine 13 Kilometer von Røros entfernt geschlossen worden war, wurde sie schon wieder geöffnet. Diesmal nicht um zu fördern, sondern um Besucher hindurchzuführen. Durch die Grube Nyberget, die 1650 abgeteuft wurde, und die Olavs-Grube von 1937 gelangt man 50 Meter unter die Erde und 500 Meter weit in das Stollensystem hinein bis zur Bergmannshalle. Raffinierte Licht- und Toneffekte vermitteln den Eindruck, als sei die Grube noch in Betrieb. Die Temperatur liegt das ganze Jahr bei 5 °C, und die Luftfeuchtigkeit ist hoch. Sie brauchen also warme Kleidung und gutes Schuhwerk! Der Grube ist ein kleines Museum mit Shop und Café angeschlossen.

WEITERE INFORMATIONEN

Museet Olavsgruva: N–7374 Røros, Malmplassen, Tel. +47/72 40 61 70, E-Mail: museumspost@rorosmuseet.no, Internet: www.rorosmuseet.no

Im flachen Wasser der Moorseen
wachsen Binsen und Wollgras.
Die roten Verfärbungen stammen
vom Eisenocker, der sich bildet,
wenn eisenhaltiges Grundwasser
an die Oberfläche gelangt und
mit Sauerstoff reagiert.

Langsam erholen sich die Wälder vom dreihundertjährigen Raubbau und mit ihnen kehren auch die Elche langsam wieder zurück. Die Moore und Sümpfe brachten dem Kupferbergbau keinen Nutzen und haben die Bergbauzeit unbeschadet überstanden.

32 Wolfsflechte und Krüppelkiefern im Femundsmarka-Nationalpark

Wie der Mensch die Tundra nutzte

Der Femundsmarka-Nationalpark ist eine wilde Landschaft. Sie hat sich seit dem Ende der letzten Eiszeit nur wenig verändert. Jahrtausende lang haben sich Toteisblöcke im Boden erhalten, bis sie abgeschmolzen sind und sich an ihrer Stelle Seen, Tümpel und Moore gebildet haben. Unzählige Moränenfelder und Felsblockschüttungen lassen die Kräfte erahnen, mit denen die eiszeitlichen Gletscher diese bizarre Landschaft geformt haben.

D er höchste Berg ist der Storvigelen mit 1.561 m an der Nordgrenze des Gebietes. Das Klima ist von langen strengen Wintern und kurzen Sommern geprägt. Die Tiefsttemperaturen erreichen im Winter bis zu -50 °C. Nur in geschützten Bereichen an den Flüssen Mugga und Røa wachsen Bäume dichter und es mischen sich einige Birken und Erlen unter die Kiefern.

Auf den kargen Böden der Femundsmarka gedeiht nur eine sehr spärliche Vegetation aus wenigen, an die extremen Witterungsbedingungen angepassten Arten. Sie alle, ob Flechten, Pilze, Steinbrechgewächse oder Kiefern, wachsen sehr langsam und bleiben klein. Man sollte meinen, dass diese armseligen Pflanzen für den Menschen kaum nutzbar sind, aber das Gegenteil ist der Fall. Die Wolfsflechte, eine auf den Kiefernästen wachsende, zitronengelbe Strauchflechte, wurde zur Abwehr von Füchsen und Wölfen verwendet. Die gelbe Färbung stammt von dem Inhaltsstoff Vulpinsäure her, die ein starkes Nervengift ist. Es entfaltet seine Wirkung jedoch nur bei fleischfressenden Wirbeltieren, Insekten und Weichtieren. Bei Pflanzenfressern zeigt das Gift keine Wirkung. Köder für Füchse und Wölfe wurden mit der Flechte präpariert. Nach Aussagen der Jäger stirbt ein Wolf innerhalb von 24 Stunden, wenn er in dieser Zeit nicht frisches Blut zu sich nimmt. Hier vermischen sich aber vermutlich Realität und Mythologie.

33 Nichts als Urwald – der Gutulia-Nationalpark

Zu Fuß durch unberührte Natur

Der Gutulia-Nationalpark ist Heimat für Vielfraß, Braunbär, Wolf und Luchs. Auch Elche sind dort regelmäßig anzutreffen. Biber hinterlassen ihre Nagespuren an Bäumen und sind die Baumeister der Dämme an den Flüssen und Bächen des Nationalparks. Die Vogelwelt ist mit Steinadler, Auerhuhn und dem seltenen Dreizehenspecht vertreten. Die scheinbar wildlebenden Rentiere dagegen sind domestizierte Tiere der Sámi aus der nahe gelegenen Stadt Helgå.

Obwohl nur 19 Quadratkilometer groß, kann der Gutulia Nationalpark für sich in Anspruch nehmen, den letzten Urwald Norwegens zu besitzen. Nicht Menschen, sondern natürliche Brände haben den Wald geprägt. Mehrmals haben Gewitter Waldbrände ausgelöst, zuletzt in den 1860er Jahren. Bis auf ein kleines Areal im Süden, wo nach 1945 Holz eingeschlagen wurde, hat noch kein Förster Hand an den Wald gelegt. Entsprechend vielfältig ist er. Hier findet man über 300 Jahre alte mächtige Fichten. Sie sind jedoch noch Jünglinge im Vergleich zu vielen Kiefern, die seit fast 500 Jahren hier wachsen. Im Park befinden sich zwei berühmte Bäume. Die Riesenkiefer Torfrau, etwa 1 Kilometer südlich von Gutulisetra, und die Riesenfichte Stergiani, ungefähr

500 Meter nördlich von Gutulisetra gehören zu den ältesten und prachtvollsten Exemplaren des üppigen Nadelwalds und sind über 30 Meter hoch. Kleine, unmarkierte Pfade führen dorthin. Begonnen hat alles nach der letzten Eiszeit. Als sich das Eis zurückzog, entwickelte sich anfangs eine Tundrenlandschaft, in der sich mit zunehmender Erwärmung zunächst Birken, später Kiefern ansiedelten. Erst sehr viel später erschienen Fichten, die sich nur auf den nährstoffreicheren Böden rings um den Gutulia-See durchsetzen konnten. Es führen keine Straßen durch den Nationalpark; wer ihn kennenlernen will, muss ihn zu Fuß erkunden. Von der Landesstraße 654 geht es zum Rand des Nationalparks.
Info: www.graenslandet.se

Entstehen und Vergehen findet in den Urwäldern des Gutulia-Nationalparks in unmittelbarer Nachbarschaft statt. Umgestürzte Bäume werden zu »Ammen« für Farne, Moose und neue Bäume. Die Humusschicht ist hier sehr dünn. Die Felsen, die zutage treten, tragen bunte Flechtenüberzüge.

Der Norden

Die wabernden Vorhänge des Polarlichtes tauchen die Landschaft in ein unwirkliches Licht (links). Wenn die Sami ihre Rentiere auf deren Wanderungen begleiten, nehmen sie Quartier in solchen festen Hütten (oben). Noch etwas unsicher schauen die Schlittenhund-Welpen in die Welt (unten).

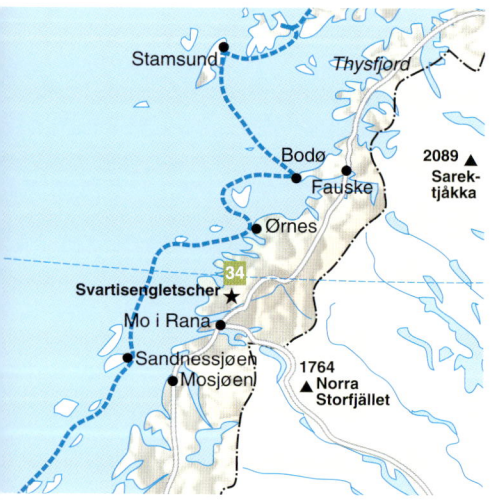

Wo vor dreißig Jahren noch eine mächtige Gletscherzunge durch das Svartisdal in den Holandfjord ragte, breitet sich jetzt der Svartisvatnet aus (oben und rechts unten). Auch die Gletscherzunge des Austerdalsisen endet in einem See. An beiden Seiten kommen die vom Eis glatt geschliffenen Felsen zum Vorschein (rechts). Im Sommer kann man hier die arktische Silberwurz entdecken.

34 Svartisen und Saltfjell – Gletscher und Nationalpark am Polarkreis

Im Land von Alpenrose und Silberwurz

Der mächtige Svartisen-Gletscher ist mit 370 Quadratkilometern nach dem Jostedalsbreen der zweitgrößte Gletscher Norwegens. Wie eine weiße Kappe liegt er auf dem Saltfjell, einer Hochebene, die vom Melfjord im Westen bis an die schwedische Grenze im Osten reicht. Über 60 Gletscherzungen streckt der Svartisen-Gletscher in alle Richtungen in die Täler des Saltfjells und die tief eingeschnittenen Fjorde im Westen.

Svartisen, Schwarzeis, wird der Gletscher genannt, und zwar deshalb, weil das Eis teilweise eine tief dunkelblaue Farbe hat, wie sie für sehr altes und stark gepresstes Eis typisch ist. Neuerdings macht er seinem Namen deshalb Ehre, weil sich Staub und Moränenschutt auf der Oberfläche der Gletscherzungen angereichert haben und das Eis schwarz erscheinen lassen, ein Effekt, der durch das Abschmelzen des Eises hervorgerufen wird. Der Svartisen ist, wie alle anderen norwegischen Gletscher auch, auf dem Rückzug. Noch in den 1970er-Jahren kalbte der Engabreen, eine seiner Gletscherzungen, noch direkt in den Holandfjord. Inzwischen ist das Eis um mehr als 2,5 Kilometer zurückgewichen. Zwischen Endmoräne und Gletscherzunge breitet sich jetzt der See Svartisvatnet aus. Wer einen Spaziergang zum Eis machen will, muss 3,5 Kilometer um den See herumgehen, bis der Gletscher auftaucht. Der Svartisen ist aber noch lange nicht am Ende. Die Eiszunge des Engabreen ist an der dicksten Stelle immer noch 400 Meter mächtig.

Nationalpark der Gegensätze

Der Svartisen-Gletscher ist Teil des 2105 Quadratkilometer großen Saltfjell-Svartisen-Nationalparks, der 1989 eingerichtet wurde. Er umfasst eine sehr abwechslungsreiche Landschaft. Fjorde, fruchtbare Hochtäler, Kalksteinhöhlen und natürlich der Gletscher selbst prägen die Landschaft. Im zentralen Teil des Nationalparks

besteht das Grundgestein vielerorts aus Kalk. Stellenweise steht Marmor an, das ist Kalkstein, der sich im Lauf von Millionen Jahren unter dem Einfluss hoher Drücke und Temperaturen in Marmor umwandelte, metamorphisierte, wie der Geologe sagt. Während Hunderttausenden von Jahren hat das Wasser unzählige kleine und größere Höhlen aus dem Kalk herausgewaschen. Einzelne dieser Höhlen sind über 350 000 Jahre alt. Zu den berühmtesten zählt die Grønliggrotte, eine von einem Bach durchflossene Tropfsteinhöhle, die im Gegensatz zu anderen Höhlen beleuchtet wird und deshalb einem enormen Besucheransturm ausgesetzt ist. Der Kalk ist auch dafür verantwortlich, dass auf dem Fjell, der immerhin auf der Höhe des Polarkreises liegt, eine üppige Vegetation gedeiht. 250 verschiedene Pflanzenarten weist zum Beispiel allein das Stormdalen auf. In den ausgedehnten Moorbirkenwäldern wachsen der Nördliche Eisenhut, das Schmalblättrige Weidenröschen und Mädesüß in dichten Beständen, und die nicht bewaldeten Tundraflächen sind von dichten Silberwurz-Teppichen überzogen. Die im Frühling wunderschön rosa blühende Lappland-Alpenrose ist hier ebenfalls zu Hause. Sie ist übrigens die einzige Alpenrosenart Norwegens. Die Hochebene bildet mit dem Gletscher aber auch eine natürliche Barriere für Pflanzen aus dem wärmeren Süden. Sie waren bisher nicht in der Lage, weiter nach Norden vorzudringen. Die Fichte allerdings scheint von der allgemeinen Erwärmung zu profitieren, denn sie wurde in neuerer Zeit mit einzelnen Exemplaren auf dem Saltfjell gefunden. In der Tierwelt sind noch keine Veränderungen zu erkennen. Nach wie vor fühlen sich Elch, Luchs, Vielfraß und Alpenschneehuhn im Nationalpark sehr wohl.

Landschaft mit Geschichte

Auch Rentiere hat es auf dem Saltfjell gegeben, doch bereits im 9. Jahrhundert stellten samische Jäger ihnen nach. Aus dieser Zeit sind viele Relikte erhalten. Opferstätten, Leitzäune und Rentier-fallen sind im Gebiet verstreut zu finden. Heute gibt es hier keine wild lebenden Rentiere mehr. Seit dem 16. Jahrhundert werden sie gezüchtet. Das Zentrum der Rentierhaltung ist das Lønsdalen, das unbedingt einen Besuch wert ist. Auch in den anderen Fjelltälern finden sich Spuren menschlicher Besiedlung. Bauernhöfe, Jagdhütten und Scheunen stammen meist aus dem 19. Jahrhundert, wurden aber schon vor vielen Jahrzehnten verlassen, weil sich die Landwirtschaft dort nicht mehr lohnte.

WAS SIE SCHON IMMER ÜBER DEN POLARKREIS WISSEN WOLLTEN

Polarkreis, Mitternachtssonne, Polarnacht und Ekliptik: Was auf den ersten Blick verständlich zu sein scheint, entpuppt sich bei näherer Betrachtung als ein hochkomplexes Thema, bei dem man schnell den Überblick verliert. Da haben es die Norweger und ihre Besucher gut. Denn exakt an der Stelle, wo die E 4 auf dem Weg von Mo i Rana nach Norden den Polarkreis schneidet, steht mitten auf dem Saltfjell das »Polarsirkelsenteret«, das Polarkreis-Informationszentrum. 66° 33' 39" N bezeichnet die magische Grenze zur Mitternachtssonne im Sommer bzw. der Polarnacht im Winter. Warum das so ist, wird mit Filmen, Grafiken und wechselnden Ausstellungen erklärt. Im Shop kann man nicht nur Souvenirs, sondern auch Literatur zum Polarkreis erwerben. Ein eigenes Postamt und ein Restaurant vervollständigen das Angebot.

WEITER INFORMATIONEN

Polarsirkelen Reiseliv: Postbols 1325, O. T. Olsensgt. 3, N–8602 Mo i Rana, Tel. +47/75 13 92 00, E-Mail: infomo@arctic-circle.no

An stilisierte Eisplatten erinnert die berühmte Eismeerkathedrale von Tromsø, die nördlichste Kathedrale der Welt (oben). Das berühmte Glasmosaik, eines der größten Glasgemälde Europas, in der Eismeerkathedrale zeigt die Auferstehung Christi (rechts).

35 Tromsø – Pforte zum Eismeer ...

... und »Paris des Nordens«

Tromsø scheint mit 68 000 Einwohnern eine vergleichsweise kleine Stadt zu sein, und trotzdem ist sie eine Stadt der Superlative. Mit einer Fläche von 2558 Quadtratkilometern, das entspricht der des Saarlandes, ist sie die zweitgrößte Stadt Europas. Sie besitzt die nördlichste Universität, die nördlichste Brauerei und die nördlichste Kathedrale der Welt. Damit nicht genug bietet sie seit langer Zeit eine Fülle kultureller Angebote, die ihr schon vor hundert Jahren den Beinamen »Paris des Nordens« einbrachten.

Tromsø liegt auf dem Festland und über mehrere Inseln verteilt im Grotsundet, einem Nebenarm des Ullfjordes. Fast auf dem 70. Breitengrad Nord gelegen, geht im Sommer die Sonne vom 19. Mai bis zum 26. Juli nicht unter. Umgekehrt herrscht vom 28. November bis zum 14. Januar Polarnacht, die jedoch häufig durch die spektakulären Nordlichter erhellt wird. Auf gleicher Breite liegen die Disko-Insel an der Westküste Grönlands oder die Nordküsten Alaskas und Sibiriens, hocharktische Gebiete mit wesentlich kälterem Klima. In Tromsø macht sich aber der Golfstrom noch bemerkbar und sorgt für eine milde Jahresdurchschnittstemperatur von 2,5 Grad Celsius. Im Juli, dem wärmsten Monat, steigt die Durchschnittstemperatur auf 11,8 Grad Cel-

sius. Im Winter wurde die bisher niedrigste Temperatur mit –18,4 Grad Celsius gemessen. Verantwortlich dafür ist die der Stadt westlich vorgelagerte Insel Kvaloya, die mit 1000 Meter Höhe die Stadt zum Meer abschirmt, sodass hier kontinentale Einflüsse wirksam werden. Bis in den April hinein liegt in der Regel noch Schnee. Die Wintersportbedingungen sind daher sehr gut.

10 000 Jahre Siedlungsgeschichte

Der Ort erhielt 1794 die Stadtrechte, aber schon lange vorher haben dort Menschen gesiedelt. Bereits vor rund 10 000 Jahren kamen mit dem Ende der letzten Eiszeit die ersten steinzeitlichen Jäger in das Gebiet von Tromsø und die östlich davon gelegenen, bis zu

1800 Meter hohen Lyngsalpen. Erste Spuren samischer Kultur lassen sich etwa 2000 Jahre zurückverfolgen. Ab dem 4. und 5. Jahrhundert findet man auch skandinavische Kultur und Sprachen. Die Initiative für die eigentliche Gründung der Stadt ging von König Håkon Håkonsson aus, der 1252 eine kleine Hafensiedlung im heutigen Stadtteil Skansen errichtete und auf der Insel Tromsøya die erste christliche Kirche erbauen ließ. Bis zur Erteilung der Stadtrechte dauerte es aber doch noch 542 Jahre. Ganze 80 Einwohner konnten sich fortan Stadtbürger nennen. Mit dem Wegfall des Handelsmonopols für Bergen und Trondheim im Jahr 1789 blühte der Handel auch in Tromsø auf. Seitdem wuchs Tromsø zu einem wichtigen Handelsplatz heran, der zudem Ausgangspunkt für den Wal- und Robbenfang im Eismeer wurde. Außerdem erlebte Lyngen, und damit auch Tromsø, um die gleiche Zeit eine Einwanderungswelle der sogenannten Kvener aus Finnland, die aufgrund von Hungersnöten und politischer Unruhen aus ihrer Heimat auswanderten. Nur wenige Jahre später, nämlich 1803, wurde Tromsø Bischofssitz für Nordnorwegen. Die zugehörige Domkirche mit 700 Sitzplätzen wurde aber erst 1861 in der damals üblichen Weise aus Holz gebaut. Sie ist landesweit die größte neugotische Kirche.

Das Wahrzeichen der Stadt Tromsø ist aber nicht der Dom, sondern die Eismeerkathedrale, die eigentlich Tromsdalen-Kirche heißt und als Pfarr- und Seemannskirche dient. Sie wurde 1965 gebaut und steht auf der Festlandseite der Stadt. Die äußere Form soll an übereinandergeschobene Packeisplatten erinnern. Die Rückwand wird von einem 140 Quadratmeter großen, bunten Glasfenster eingenommen, das 1972 von Victor Sparre in der sogenannten »La Salle-Technik« gestaltet wurde. Das Bild trägt den Namen »Die Wiederkunft Christi« und ist eines der größten Glasgemälde Europas. Nahe der Eismeerkathedrale liegt die Talstation der Seilbahn auf den Berg Storsteinen, von dessen 418 Meter hohem Gipfel der Blick über die Stadt hinaus weit in den Fjord und über die umgebenden Berge reicht. Der auch Floyen genannte Storsteinen kann übrigens auch zu Fuß bestiegen werden.

Die nördlichste Brauerei der Welt

Eher irdischen Genüssen gewidmet ist die »Ølhallen« der Mack-Brauerei, die entgegen allen norwegischen Regeln bereits morgens um 9.00 Uhr die Pforten öffnet und an Werktagen erst um 17.00 Uhr wieder schließt. Selbst am Samstag ist sie geöffnet, wenn auch nur bis 13.00 Uhr. Lediglich der Sonntag ist Ruhetag. Nicht weit von der Brauerei bildet der »Stor Torget«, der Große Markt, das Zentrum von Tromsø. Dort kann man alles kaufen, was zum täglichen Leben gehört.

Zentrum der Polarforschung

Anfang des 20. Jahrhunderts wurde die Stadt zum Ausgangspunkt einer Reihe von Expeditionen in arktische und antarktische Gebiete, was ihr den zweiten Beinamen »Pforte zum

Die Lyngenalpen, eine hundert Kilometer lange Bergkette östlich von Tromsø, gelten als eines der schönsten Gebirge Norwegens. Vom Lyngenfjord (unten) oder von der Halbinsel Spaknes (rechts) bieten sie einen mächtigen Anblick.

Eismeer« eintrug. Tromsø ist untrennbar mit den Namen Fridtjof Nansen und Roald Amundsen verbunden, die von hier aus ihre Polarexpeditionen geplant und gestartet haben. Auch heute wird der Polarforschung breiter Raum gewidmet. Seit 1993 hat das Norsk Polarinstitutt unter dem Dach des Polaren Umweltforschungszentrums seinen Sitz in Tromsø, gemeinsam mit den Instituten für Natur-, Kultur- und Luftforschung, dem Institut für Geologie, dem Amt für Kartografie und der norwegischen Strahlenschutzagentur.

Viele Wege führen nach Tromsø

Reisende mit den Hurtigruten benötigen vier Tage Schiffsreise, um von Bergen kommend die Stadt zu erreichen. Schneller geht es mit dem Flugzeug von Oslo in knapp zwei Stunden. Aber auch mit dem Auto ist die Stadt über die E 6 von Oslo aus gut zu erreichen. Für die immerhin 1646 Kilometer lange Strecke auf zum Teil gebührenpflichtigen Straßen sind zwei Tage anzusetzen. Aber der Weg lohnt sich, denn Tromsø hat eine Menge zu bieten. Es ist eine »junge« Stadt, denn seit der Gründung der Universität im Jahr 1972 haben sich die Studentenzahlen rasant entwickelt. Heute können 10 000 Studenten in sechs Fakultäten und vier Wissenschaftszentren rund 150 Studi-

engänge absolvieren. Aber da das Studentenleben nicht nur aus Lernen, sondern auch aus Leben besteht, gibt es eine Fülle von kulturellen und sportlichen Angeboten, nicht nur für junge Leute. Jedes Jahr im Juni findet der Mitternachtssonnen-Marathon statt und im Januar der Polarnacht-Halbmarathon, beides mit internationaler Beteiligung. Ebenfalls im Januar kommen die Filmfreunde beim Internationalen Filmfestival auf ihre Kosten. Konzerte von Klassik bis Rock und Theateraufführungen finden über das ganze Jahr verteilt statt. Daneben laden mehrere Museen zum Besuch ein. Das Polarmuseum berichtet über die Erforschung der Arktis, während das Tromsø-Museum Ausstellungen über die Geschichte und Kultur der Samen sowie über die Tiere, Pflanzen und Landschaften des Nordens zeigt. Wem der Weg in die Arktis zu weit oder zu beschwerlich ist, kann in das Polaria-Museum gehen, das mit Multimedia-Präsentationen, Dioramen, Aquarien und lebenden Bartrobben über die Arktis informiert. Vollständig wird Ihr Aufenthalt allerdings erst, wenn Sie die Stadt verlassen und die bis zu 1800 Meter hohen Lyngenalpen östlich von Tromsø besuchen. Die rund 100 Kilometer lange Gebirgskette ist im Sommer ein Traumziel für Bergsteiger, im Winter für Skitourengeher.

DIE NÖRDLICHSTE BRAUEREI

Die Mack-Brauerei wurde im Herbst 1877 von dem Bäcker Ludwig Markus Mack aus Braunschweig gegründet. Die Brauerei sollte später zum bedeutendsten Industriebetrieb von Tromsø werden. In den Gründungsjahren bestand das Angebot der Brauerei aus zwei dunklen Bieren mit den Namen Bayerøl und Bokøl sowie einem alkoholfreien Getränk aus gehopfter Bierwürze, auf Norwegisch Vørterøl genannt. Alle drei Sorten gehören noch zum Sortiment, und Bayerøl wird noch nach dem gleichen Rezept wie bei der Markteinführung im Mai 1878 hergestellt.

Die 1929 eröffnete »Ølhallen«, die Halle, war zunächst eine reine Männerdomäne für Fischer, Walfänger und Bauern. Erst seit Ende der 1960er-Jahre sind auch Frauen dort willkommen.

WEITERE INFORMATIONEN

Tromsø Turistinformasjon: P.O. Box 311, Storgt. 61, N–9001 Tromsø, Tel. +47/77 61 00 00, Fax +47/77 61 00 10, E-Mail: info@visittromso.no, Internet: www.visittromso.no

Hundeschlittenfahrten sind im Winter eine gefragte Attraktion nicht nur für Touristen. Auch die Bürger von Tromsø selbst lassen kaum eine Gelegenheit verstreichen, mit den Hunden durch den frischen Schnee zu jagen. Die Hunde haben daran genauso viel Spaß wie die Menschen.

36 Der Tysfjord – Orcas, Seeadler und Polarlicht

Mit Schwertwalen auf Tuchfühlung

Wer die schneidende Kälte im Winter nicht scheut, kann im Tysfjord, rund 250 Kilometer nördlich des Polarkreises, ein Schauspiel erleben, das seinesgleichen sucht. Bis zu 700 Schwertwale folgen von Oktober bis Januar riesigen Heringsschwärmen, die zum Überwintern in die Nebenarme des Vestfjordes, den Tysfjord und den Ofotfjord, ziehen. Mit umgebauten Fischkuttern, Schlauchbooten und Kajaks fahren die »Whalewatcher« zu den Orcas. Ganz Harte tauchen in dicken Neoprenanzügen mitten zwischen die Wale.

Wenn die Teilnehmer der »Wal-Safaris« erst einmal einen Orca erspäht haben, sind sie für die anderen Schönheiten der Natur, etwa die Insel Hamarøya (rechts unten) oder den Stetint (unten) nicht empfänglich. »Spyhopping« wird das Verhalten der Wale genannt, wenn sie weit aus dem Wasser herauskommen, um zu sehen, was um sie herum geschieht.

Angefangen hatte alles am Ende der 1980er-Jahre, als aus bisher nicht endgültig geklärten Ursachen gewaltige Mengen an Heringen im Vestfjord und Ofotfjord zu überwintern begannen. Während des Sommers halten sie sich im offenen Atlantik auf, ziehen in den Nordost-Atlantik, wo sie ihre Nahrungsgründe haben, und kehren im Oktober zurück in die Fjorde, wo sie bis zum Januar bleiben. Ab Februar bis in den April hinein legen die Weibchen in flachem Wasser bis zu 50 000 Eier ab, anschließend ziehen sie wieder in den Atlantik. Diesen Heringen stellen die schwarzweißen Schwertwale nach, die auch Killerwale oder Orcas genannt werden.

Killer aus der Unterwelt

Der Name Orca leitet sich vom wissenschaftlichen Namen der Schwertwale ab. »Orcinus orca« ist der aus der Unterwelt Stammende. Die häufig benutzte Bezeichnung Killerwal ist nicht angebracht, denn wie jedes andere Raubtier jagen die Schwertwale ihre Beute nur, um selbst zu überleben. Es ist weltweit kein Fall bekannt, dass Schwertwale Menschen angegriffen hätten. Allerdings haben sie ausgeklügelte Jagdtechniken entwickelt, deren Effizienz unübertroffen ist. Fischwärme werden von mehreren Walen eingekreist und an die Wasseroberfläche getrieben, wo Hunderte von Heringen mit einem einzigen Schlag der Fluke,

Im Winter nach Norwegen zu fahren, erfordert eine ausgeklügelte Logistik, denn hier diktiert das Wetter alle Aktivitäten. Umso besser, wenn man vor Ort Einrichtungen findet, bei denen alles in einer Hand ist, wie im »Base Camp« des Tysfjord Turistcenters. Das Hotel bietet 146 Betten in 55 Zimmern, das Restaurant fasst 250 Gäste, dazu kommt ein Schnellrestaurant mit 100 Plätzen. Im Campingbereich stehen sieben Hütten und 30 Caravan-Stellplätze mit Elektroanschluss zur Verfügung. Im Informations- und Walforschungszentrum werden die Forschungsergebnisse den Besuchern in verständlicher Form dargeboten. Vom Hotel aus starten auch die spektakulären Killerwal-Safaris per Schlauchboot. Auch Elch- oder Seeadler-Safaris werden angeboten.

der Schwanzflosse der Wale, betäubt oder getötet werden. Anschließend können die Fische bequem verspeist werden. »Carousel Feeding« wird dieses Verhalten genannt. Jeder ausgewachsene Orca verspeist pro Tag 70 Kilogramm Fisch.

Ein Schauspiel auf Zeit

Jedes Jahr im Herbst zittern die Veranstalter der »Wal-Safaris« der Walsaison entgegen, denn so überraschend wie die Heringe ihr neues Überwinterungsquartier im Tysfjord bezogen haben, können sie sich auch wieder zurückziehen. Dann werden auch die Schwertwale nicht mehr kommen.

Bis dahin aber werden in jedem Winter alle Register gezogen, um den Besuchern die Schwertwale im wahrsten Sinne des Wortes nahezubringen. In Storfjord, einem kleinen Ort am Tysfjord, ist das Tysfjord Turistcenter gebaut worden, eine Kombination aus Hotel, Reisebüro und Walforschungszentrum. Auf den Schiffen, oft umgebauten Fischkuttern, vermitteln Walexperten alles Wissenswerte über die mächtigen Tiere, von der Größe über die Familienstruktur bis hin zur Lebenserwartung. Rund 6000 Touristen besuchen in jeder Saison die Orcas, und die Zahl der Schiffe ist begrenzt, um die Tiere nicht übermäßig zu stören. Tatsächlich scheinen sich die Orcas an die

vergleichsweise wenigen Besucher gewöhnt zu haben, denn sie kommen neugierig häufig dicht an die Schiffe, Schlauchboote und Kajaks heran. Selbst Taucher, die in unmittelbarer Nähe schwimmen, scheinen sie nicht zu stören.

Räuber aus der Luft

Es sind aber nicht nur die Schwertwale, die von den Heringen profitieren. Seeadler, die größten Greifvögel Europas mit Flügelspannweiten bis zu 2,5 Metern, gibt es hier in großen Mengen. Bis zu 250 Brutpaare finden hier jedes Jahr genügend Nahrung, um ihre Jungen aufzuziehen. Sie sind immer zur Stelle, wenn die Orcas jagen, denn die Wale treiben die Fische an die Wasseroberfläche, wo sie von den Adlern leicht erbeutet werden können. Immer wieder fliegen die Seeadler in weitem Bogen an die Wasseroberfläche heran, greifen kurz mit den Klauen in die Fluten und fliegen mit ihrer Beute davon.

Hier, nördlich des Polarkreises, sind die Tage im Winter kurz, aber Langeweile kommt trotzdem nicht auf. In klaren Nächten erlebt man ein faszinierendes Schauspiel: das Polarlicht. Grüne, gelbe und rote Lichtvorhänge wabern am Himmel über den schneebedeckten Bergen und tauchen das Land und den Fjord in unwirkliche Farben.

Tysfjord Turistsenter AS: N–8275 Storfjord i Tysfjord, Tel. 0047/75 77 53 70, E-Mail: post@tysfjord-turistsenter.no, Internet: www.tysfjord-turistsenter.no

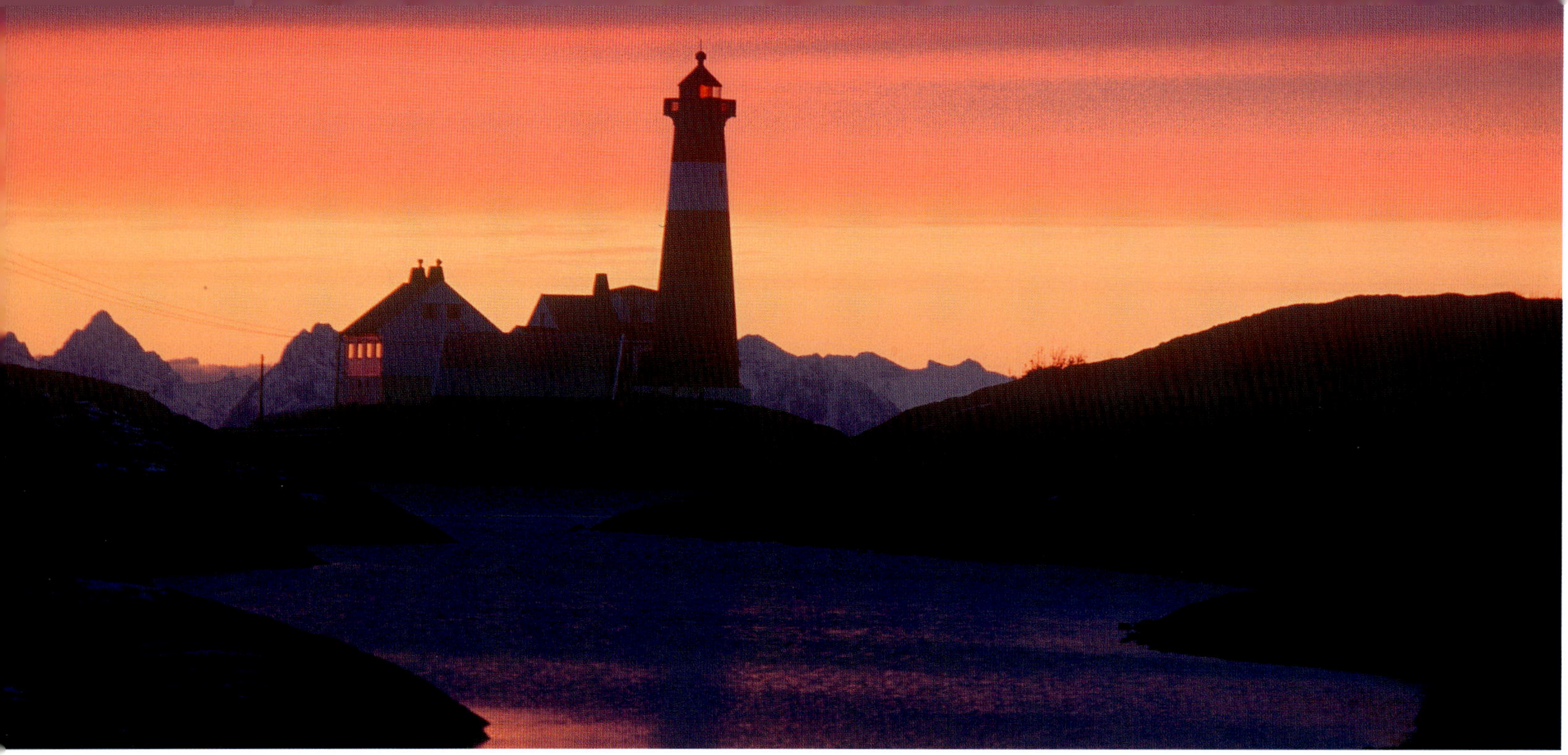

Der Leuchtturm von Hamarøya, das »Tranøy fyr«, wurde bereits 1864 gebaut (oben). 1991 wurde der Leuchtturmwärter durch eine Schaltuhr ersetzt. Vom Fährhafen Skutvik starten die Fähren nach Svolvaer auf den Lofoten (rechts oben). Auf dem Weg passieren sie den Berg Tillhornet (rechts unten).

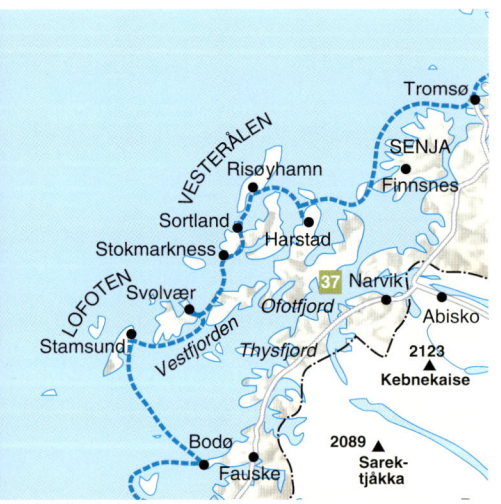

37 Der Ofotfjord

Wo Heringe das Meer kochen lassen

Der Ofotfjord hat viele Gesichter. Fast 80 Kilometer weit erstreckt er sich annähernd in West-Ost-Richtung zwischen den bis zu 1700 Meter hohen, meist steil aufragenden Bergen. Flachere Bereiche gibt es nur auf der Nordseite des Fjords um Harstad und auf der Narvik-Halbinsel. An den Hängen wachsen bis in 500 Meter Höhe lockere Birkenwälder, darüber steht meist Fels an. Der wahre Reichtum befindet sich unter Wasser. Heringe, Makrelen und Kabeljau sind zu unterschiedlichen Zeiten im Jahr hier zu finden.

Der Ofotfjord, selbst ein Nebenarm des Vestfjords, besitzt seinerseits noch eine Reihe von Nebenarmen, die alle landschaftlich außerordentlich reizvoll sind. Sie erschließen sich dem Besucher von der Landseite über die an den Ufern des Fjordes entlangführenden Straßen E 6 und E 10. Noch reizvoller ist es aber von der Wasserseite, denn von einem Boot oder Schiff aus bietet sich das gesamte Panorama des Fjordes mit seinen beeindruckenden, bis zu 1500 Meter hohen Bergketten. Die Baumgrenze liegt bei 500 Meter, darüber steht der nackte Fels an. Ein Geheimtipp ist der gut 20 Kilometer lange Skjomen-Fjord, der von beinahe senkrechten Felswänden eingefasst wird. Am Ende des Fjordes blickt man auf die Eiskappe des Frostisen-Gletschers. Mit seinen 25 Quadratkilometern Fläche zählt er zwar zu den kleineren Gletschern, ist aber nicht weniger eindrucksvoll.

Nahrung im Überfluss

Jedes Jahr im Oktober spielt sich im Ofotfjord ein beeindruckendes Schauspiel ab, das nicht nur unter der Wasseroberfläche zu beobachten ist. Riesige Heringsschwärme strömen in den Fjord, um hier zu überwintern und im Frühjahr im flachen Wasser abzulaichen. Dicht an dicht schwimmen sie in den bis zu 553 Meter tiefen Fjord hinein. Die Schwärme können so dicht sein, dass das Wasser violett gefärbt zu sein scheint. Tausende von Seevögeln begleiten den Schwarm und fressen sich satt. Im Fjord angekommen, halten sich die Heringe tags-

über in größeren Tiefen von 150 bis 400 Metern auf. Erst nachts folgen sie ihrer Nahrung, kleinen Krebsen, Schnecken und den Larven von Sandaalen, an die Wasseroberfläche. Wenn sie emporsteigen, verringert sich der sie umgebende Wasserdruck. Durch einen besonderen Kanal können die Heringe dann Luft aus der sich ausdehnenden Schwimmblase ausstoßen. Durch Millionen solcher kleiner Luftblasen scheint das Meer zu kochen. Für Fischer ist dies das Zeichen, dass der Schwarm aufsteigt. Aber Fischer sind nicht die Einzigen, die den Heringen nachstellen. Ähnlich wie im Tysfjord werden sie auch hier von Schwertwalen gejagt. Tagsüber tauchen die Orcas tief unter den Schwarm, treiben ihn an die Wasseroberfläche und betäuben die Fische mit kräftigen Schlägen der Fluke. Darauf warten Möwen und Seeadler. Sie bedienen sich ebenfalls an diesem überreich gedeckten Tisch, genauso wie die Fischotter, die an der Küste leben. Aber nicht nur Heringe stehen auf dem Speiseplan. Von Juli bis Ende September wird er durch Makrelen ergänzt. Anders als Heringe und Makrelen, die nur saisonale Gastspiele geben, sind »Torske« (Kabeljau) während des ganzen Jahres im Ofotfjord und bilden die Nahrungsgrundlage für Mensch und Tier, die immer verfügbar ist.

Vom Fischer zum Hafenarbeiter

Die Fischerei spielte auch für die wenigen hier lebenden Menschen eine wichtige Rolle. Bis in die Gegenwart war die Kombination von Landwirtschaft und Fischfang der Haupterwerb der Bevölkerung. Aber die landwirtschaftlich nutzbaren Flächen waren klein und die Erträge gering, sie dienten daher in erster Linie für den Eigenbedarf, während die Fische verkauft wurden, um Dinge zu erwerben, die man nicht selbst herstellen konnte. Die Menschen waren arm und mussten häufig auch hungern. Viele Einwohner der Region wanderten daher in der zweiten Hälfte des 19. Jahrhunderts nach Amerika aus. Die Situation besserte sich erst, als 1903 die Lapplandbahn von Kiruna in Schweden bis nach Narvik, dem Hauptport im Ofotfjord, fertiggestellt wurde. Auf dieser Strecke wurde und wird das in Kiruna geförderte Eisenerz transportiert und von Narvik verschifft. Dort, wo bisher nur einige Bauernhöfe standen, wurde der Hafen mit riesigen Erzverladeeinrichtungen gebaut. Binnen kurzer Zeit wurde Narvik zum zweitgrößten Hafen Norwegens. Der Hafen ist aufgrund des Golfstroms ganzjährig eisfrei. Heute hat Narvik gut 18 000 Einwohner und eine für diese Region gigantische Bevölkerungsdichte von neun Menschen pro Quadratkilometer.

VON DER STEINZEIT IN DIE GEGENWART

Obwohl Narvik eine relativ junge Stadt ist, besitzt sie doch einige bemerkenswerte historische Zeugnisse. Narvik kann als einzige Stadt in Norwegen mit Felszeichnungen aus der Steinzeit aufwarten. Nur 700 Meter vom Zentrum entfernt ist im heutigen Park Brennholtet vor 5000 Jahren ein Elch in den Felsen geritzt worden. Die neuere Geschichte wird im Ofoten-Museum dargestellt. In dem 1902 errichteten Museumsgebäude hatte früher die Regionalverwaltung der Norwegischen Staatsbahnen (NSB) ihren Sitz. Das übergreifende Thema der Ausstellungen ist die lokale Kulturgeschichte. Mit Ausstellungen und Multivisionspräsentationen wird das Leben der Bevölkerung im Wandel der Zeiten dargestellt. Ein Museumsladen und ein Café bereichern das Angebot.

WEITERE INFORMATIONEN

Museum Nord – Ofoten Museum: Administrasjonsveien 4, N–8514 Narvik, Tel. +47/76 15 40 00, E-Mail: narvik@museumnord.no, Internet: www.ofoten.museum.no

Nur noch selten sind die Sami mit Rentier-
schlitten unterwegs (oben). Motorschlit-
ten haben deren Stelle eingenommen. Die
Traditionen werden dennoch hochgehal-
ten. Das samische Parlamentsgebäude ist
in Form eines Zeltes errichtet worden, um
an die nomadisierenden Rentierzüchter zu
erinnern (rechts).

38 Bei den Sami in der Finnmark

Traditionen jenseits der Nomadenromantik

Etwa 70 000 Sami leben heute verteilt über Norwegen, Schweden, Finnland und Russland,
davon 40 000 in Norwegen. Die Finnmark, die nördlichste und größte Provinz Norwegens,
hat mit 50 Prozent den größten Anteil samischer Bevölkerung. Hier gibt es sie noch, die
sagenumwobenen Rentierjäger und -züchter, von denen bis heute nicht genau bekannt ist,
wo ihre Ursprünge liegen. Seit Jahrtausenden leben sie mit und von der Natur, doch sie
sind längst in der Neuzeit angekommen.

D ie Suche nach Samen, die in Zelten le-
bend den langen Wanderungen halbwil-
der Rentiere folgen, ist zum Scheitern verur-
teilt. Die Samen leben längst in festen Häusern
mit Zentralheizung, fließendem Wasser, Fern-
sehen und Internet. Ihre Arbeitskleidung ist
funktionell aus modernen Fasern hergestellt,
und die bunten Trachten werden nur noch zu
besonderen Anlässen getragen. Allenfalls ein
offener Kamin erinnert an die Zeltromantik
vergangener Jahrhunderte, die gar nicht so ro-
mantisch war. Mit den Rentieren zu ziehen bedeutet, bittere Kälte ebenso zu ertragen wie
Hitze und Myriaden von Mücken. Überhaupt
werden den Samen viele Klischees angehängt,
denen sie auch vor Jahrhunderten nicht ent-
sprochen haben. Sie waren keineswegs eine

homogene Gesellschaft, sondern zeigten und
zeigen eine ganze Reihe kultureller und
sprachlicher Differenzierungen.

Von den Ursprüngen bis heute

Erste Spuren menschlicher Besiedlung in der
Finnmark stammen aus der Steinzeit und sind
etwa 10 000 Jahre alt. Sie werden der Komsa-
Kultur zugerechnet, denen auch die berühmten Felszeichnungen bei Alta zugeschrieben
werden (s. Highlight 39). Ob die Sami aus den
Angehörigen dieser Kultur hervorgingen, die
einer fast rund um die Arktis verbreiteten Eth-
niengruppe entstammen, oder aus dem Süden
einwanderten, ist bis heute nicht geklärt. Ge-
netische Untersuchungen haben jedoch erge-
ben, dass die Sami seit vielen Jahrtausenden

126

In Karasjok, nahe der Grenze zu Finnland und ebenfalls ein Zentrum der norwegischen Samen, befindet sich die älteste Holzkirche der Finnmark, die 1807 erbaut wurde (unten). Die Wanderungen der Rentiere werden auf Geländefahrzeugen begleitet und feste Hütten haben die meisten Zelte abgelöst (rechts).

von allen anderen europäischen Völkern genetisch isoliert sind, die Zuwanderungstheorie also auf schwachen Füßen steht. Sichere Nachweise samischer Besiedlung stammen aus der Zeit um 1500 v. Chr., einige hundert Jahre nach dem Beginn der Nordischen Bronzezeit. In der Folge breiteten sie sich über große Bereiche Skandinaviens aus. Mit dem Auftauchen der Wikinger begann ein Unterdrückungs- und Verdrängungsprozess, der sich über viele Jahrhunderte fortsetzte und erst vor kurzer Zeit beendet wurde. 1673 begann die offizielle Kolonisation des bis dahin von den Sami beanspruchten Gebiets. Schon vor diesem

Zeitpunkt presste man die Urbevölkerung zur Zwangsarbeit in Bergwerke. Die Siedler nahmen den Sami nicht nur die Weidegründe für ihre Rene, sondern brachten viele einheimische Tiere, die bis dahin einen großen Teil der Handelswaren geliefert hatten, durch Jagd an den Rand der Ausrottung. Die ökonomische Grundlage der samischen Jagdkultur war damit vernichtet.

Die Christianisierung wurde gegen den Willen der Sami vorangetrieben. Die alte Religion wurde verboten, die rituellen Stätten zerstört und sogar Hexenverbrennungen fanden statt. Im 18. Jahrhundert begann die systematische Umsiedlung in »Lappenreservate«. Wer blieb, wurden gezwungen, sesshaft zu werden und Landwirtschaft zu betreiben. Noch 1913 verabschiedete das norwegische Parlament ein Gesetz, das die ertragreichsten Böden den nichtsamischen Siedlern zusprach. Gleichzeitig wurde in den Schulen die samische Sprache verboten, eine Anordnung, die bis 1970 galt. Erst seit den 1950er-Jahren erhielten die Samen als Minderheit langsam wieder Rechte. 1956 wurde der länderübergreifende »Samische Rat« gegründet, der sich als Interessenvertretung der Samen in Norwegen, Finnland und Schweden sieht. Seit 1989 existiert in Norwegen ein samisches Parlament, der »Samething«, der den Sami die Selbstverwaltungsrechte sichert. 1997 entschuldigte sich der norwegische König Harald V. offiziell bei den Sami für die jahrhundertelange Missachtung ihrer Rechte.

Gleiche Herkunft, unterschiedliche Lebensweise

Keineswegs alle Sami waren Rentierzüchter. Vielmehr gab es sehr differenzierte Lebensweisen. An und in der Nähe der Küste lebende Sami waren traditionell Fischer und Jäger, während »Berg-Sami« traditionell Rentiere züchteten. Nur dort, wo die Vegetation dicht genug und auch im Winter erreichbar war, konnten sie davon leben. Aber auch hier mussten sie den jahreszeitlichen Wanderungen der halb-

wilden Herden folgen. Weiter im Süden, wo die Böden für landwirtschaftliche Nutzung geeignet waren, lebten die »Bauern-Sami« oder »Wald-Sami«. Die Übergänge zu den »Küsten-Sami« waren jedoch fließend. Die Rene bildeten die Lebensgrundlage der Berg-Sami schlechthin. Sie wurden als Reit- und Lasttiere, Milchlieferanten und natürlich auch als Schlachtvieh und Handelsobjekt genutzt. Abfall gab es nicht. Alles, was essbar war, wurde gegessen, auch und gerade die Innereien, denn sie versorgten die Menschen mit den notwendigen Vitaminen. Die Häute wurden zu Zelten und Kleidung verarbeitet, die Sehnen boten Nähmaterial. Aus Knochen und Geweihen entstanden Werkzeuge und kunstvolle Schnitzereien.

Unabhängig von der Lebensweise werden ethnisch drei Gruppen von Sami unterschieden: die Ost-Sami, die vorwiegend auf der Kola-Halbinsel leben, die Süd-Sami in Mittel-Norwegen und Mittelschweden und die Nord-Sami, die das klassische Lappland im Norden von Schweden und Norwegen bewohnen. Sie sind die größte Gruppe. Ihr kulturelles Zentrum ist Kautokeino. Alle drei Gruppen sprechen Samisch, doch die Unterschiede sind größer als zwischen den skandinavischen Sprachen Norwegisch, Schwedisch und Dänisch, sodass sie tatsächlich als verschiedene Sprachen angesehen werden müssen.

Modern und doch der Tradition verhaftet

Die noch von der Rentierzucht lebenden Sami haben sich der heutigen Zeit angepasst. Die Hirten gehen nicht mehr zu Fuß oder reiten auf Rentieren, sondern fahren in Geländewagen oder mit Geländemotorrädern, um die Herden zusammenzuhalten. Wenn der große Herdenabtrieb zu den Rentierscheidungen erfolgt, wo die Tiere sortiert werden, sind auch schon einmal Hubschrauber im Einsatz. Erst wenn diese Arbeit erledigt ist, werden die alten Traditionen gepflegt. Dann kommen die alten Trachten wieder zu Ehren, die regional sehr unterschiedlich sind und den Träger als Angehörigen einer bestimmten Gruppe identifizieren. Bei den Festen wird der traditionelle samische Gesang, der »Joijk«, angestimmt. Ohne Instrumentalbegleitung besingt der Sänger oder die Sängerin die Natur oder auch nur seine Stimmung, wobei keine feste Form vorgegeben ist, sondern sehr viel improvisiert wird. Diese für mitteleuropäische Ohren ungewohnte Musik erfährt seit einigen Jahren eine Renaissance. Viele samische Musiker haben die traditionellen Gesänge aufgegriffen und begleiten sie mit modernen Instrumenten.

UND ES GIBT SIE DOCH, DIE SAMI DER LEGENDEN

Zumindest beim Påskefestivalen, dem Osterfestival in Kautokeino. Dann sieht man noch viele Menschen in ihren samischen Trachten, die hier nicht für die Touristen getragen werden, sondern tatsächlich Ausdruck samischer Tradition sind. Hochzeiten werden gefeiert, Rentierschlitten-Meisterschaften ausgefahren, Theaterstücke vorgeführt und gesungen. Seit 1990 wird der »Sami Grand Prix« für traditionelle und moderne samische Musik, speziell den Joijk-Gesang, ausgetragen. Die Veranstaltungen ziehen sich vom Palmsonntag bis zum Ostermontag. Zu den Schauplätzen gehören neben der Kirche auch Juhls Silbergalerie, das Kulturhaus und die beiden Restaurants »Alfreds Kro« und »Nàsti pub og Restaurant«.

WEITERE INFORMATIONEN

Kautokeino kommune: N–9520 Kautokeino, Tel. +47/78 48 70 00, E-Mail: e-post@kautokeino.kommune.no, Internet: www.kautokeino.kommune.no www.saami-easterfestival.org/

Im Øksfjord und Langfjord (oben) haben die Angehörigen der Komsa-Kultur schon vor mehr als 6000 Jahren gelebt. In die vom Meer blank gescheuerten Felsen haben sie Elche, Rentiere, Menschen und rätselhafte Figuren gemeißelt. Einige sind rot eingefärbt worden, um sie besser sichtbar zu machen (rechts).

39 Die Felsritzungen von Alta

Zeugen einer 10 000-jährigen Geschichte

Nicht umsonst wurden die Felszeichnungen von Alta 1985 zum Weltkulturerbe erklärt. An fünf Orten in der Region sind die Felsen übersät mit Bildern von Tieren, Menschen und geometrischen Formen. Nirgendwo sonst in Nordeuropa gibt es so viele von steinzeitlichen Jägern und Sammlern angefertigte Zeichnungen. Mehr als 6000 Figuren sind im Laufe von etwa 4500 Jahren mit einfachen Werkzeugen in den Fels gemeißelt worden.

Alta, am Ende des Altafjordes an der Mündung des Flusses Altaelv gelegen, ist eine junge Stadt. Erst 1704 gründeten finnische Einwanderer den Ort. Wirtschaftlich lebt die Gemeinde vom Fischfang und der fischverarbeitenden Industrie sowie vom Bergbau. Der Tourismus spielt aber eine immer stärkere Rolle. Die Region des klimatisch begünstigten Altafjords war schon vor mehr als 10 000 Jahren besiedelt, in einer Zeit, in der nach gängiger Lehrmeinung ganz Skandinavien noch unter einem mächtigen Eispanzer lag. Anscheinend war diese Region jedoch schon früher eisfrei geworden, denn die Funde von Speerspitzen und Siedlungsresten sprechen eine eindeutige Sprache. Hier haben seitdem Angehörige der sogenannten Komsa-Kultur gelebt, die vor etwa 6500 Jahren begonnen haben, Bilder

mit Hammer und Meißel in die Felsen zu ritzen. Die Hämmer wurden aus Stein oder Rentiergeweih hergestellt, Meißel aus härterem Gestein als die Sandsteinfelsen, in welche die Bilder gemeißelt wurden. In Transfarelv, Amtsmannsnes, Storsteinen, Kåfjord und Hjemmeluft wurden Bilder gefunden, aber nur das Bilderfeld von Hjemmeluft ist für Besucher freigegeben worden.

Eine Zufallsentdeckung

Dass die Felszeichnungen heute zugänglich sind, ist dem Zufall zu verdanken. Isak Balandin, ein Einwohner von Alta, ging im Sommer 1973 mit seinem Sohn zum Angeln. Als er sich hinterher auf einen der Felsen setzte, um eine Pfeife zu rauchen, erkannte er in den Fels gehauene Rentierfiguren. Kurze Zeit später ent-

Die Felszeichnungen von Hjemmeluft verraten viel über Alltag und Religion der Komsa-Kultur. Das milde Klima im Øksfjord (unten) und im Langfjord war Voraussetzung für die Besiedlung des Gebietes. Nicht weit entfernt fließt die Gletscherzunge des Øksfjordjøkulen zu Tal (rechts).

deckten zwei Jungen beim Spielen weitere Zeichnungen. Gezielte Nachforschungen durch Archäologen brachte dann die anderen Zeichnungen zum Vorschein. Sie zu finden war nicht ganz leicht, denn viele der Felsen waren im Laufe der Zeit von Gras überwuchert worden.

Felszeichnungen in fünf Etagen

Der Name Hjemmeluft leitete sich von dem samischen Wort »Jiepmaluokta«, »Robbenbucht« ab, ein Indiz dafür, dass die Siedler Jäger und Fischer waren. Auf einer Fläche von 43 Hektar wurden in Hjemmeluft 68 Felder mit über 3500 Zeichnungen gefunden, die meisten von ihnen 20 bis 40 Zentimeter groß. Sie wurden unmittelbar am Ufer des Fjordes in die vom Wasser glatt geschliffenen Felsen geritzt, die bei Flut auch von den Wellen überspült wurden. Vermutlich ist dieser Ort gewählt worden, weil hier Himmel, Erde und Wasser zusammenkommen. Der Kosmos der steinzeitlichen Jäger unterschied zwischen dem Himmel als der Oberwelt, in der die Götter und Geister wohnten, der Erde als Mittelwelt mit den Menschen und Tieren und der Unterwelt, die durch das Meer repräsentiert wurde.

Heute befindet sich keine der Zeichnungen mehr auf Meeresniveau, sondern bis zu 32 Meter darüber, denn die skandinavische Landmasse hob sich nach dem Ende der letzten Eiszeit. Die gewaltige Last des Inlandeises war verschwunden, und Skandinavien wuchs aus dem Meer heraus, ein Prozess, der bis heute zu beobachten ist. Mit der Zeit gelangten daher die ursprünglich am Meeresufer gelegenen Zeichnungen nach oben. Neue glatt geschliffene Felsen tauchten aus dem Wasser auf und wurden für weitere Zeichnungen genutzt, bis auch sie nicht mehr am Schnittpunkt von Ober-, Mittel- und Unterwelt lagen. Die ältesten Zeichnungen sind daher am weitesten oben am Ufer zu finden. Die Archäologen haben fünf »Schaffensphasen« der Zeichnungen identifiziert, die nicht nur zeitlich voneinander getrennt sind, sondern auch klare Unterschiede in der Motivwahl und dem Stil zeigen. Die älteste Phase I wird Landphase genannt, da ein Großteil der Figuren Landtiere darstellt. Phase II wird die Wasserphase genannt, weil dort größeres Gewicht auf die Darstellung von Booten, der Fischerei und von Seevögeln gelegt wird. In Hjemmeluft sind als einzigem Fundort im Altafjord alle fünf Phasen deutlich

erkennbar, während an den anderen Fundorten einzelne Phasen fehlen.

Zeichnungen als Komposition

Die Felszeichnungen weisen einen enormen Motivreichtum auf. Sie zeigen Rentiere, Elche, Bären, Wölfe, Füchse, Hasen, Gänse, Schwäne, Kormorane, Heilbutte, Lachse und sogar Wale. Einige Figuren stellen Menschen dar, die mit Speeren oder Pfeil und Bogen auf der Jagd sind, die fischen, an Bord von Booten sitzen oder auf Skiern oder Schneeschuhen laufen. Prozessionen mit rituellen Gegenständen wie Stangen mit Tierköpfen gehören ebenfalls dazu. Einige Motive, vor allem die geometrischen Figuren, konnten bis heute nicht entschlüsselt werden.

Auf den ersten Blick erkennt der Betrachter auf den Zeichnungsfeldern nur eine Vielzahl von Einzelfiguren. Doch es scheint ein tieferer Sinn in der Anordnung der Figuren zu liegen. Es wird vermutet, dass die Felder nicht nur aus verstreuten, voneinander getrennten Figuren bestehen, sondern oftmals Kompositionen darstellen, in denen die Figuren, Spalten im Fels, schräge Flächen und Tümpel in der Felsoberfläche eine Gesamtheit bilden und die Auffassung der Menschen in prähistorischer Zeit vom Kosmos, unserer Erde und der Welt der Geister widerspiegeln. Und zu dieser Welt der Geister hatte nicht jeder unmittelbaren Zutritt. Daher durften nur mit besonderen Fähigkeiten ausgestattete Menschen den Kontakt suchen und Zeichnungen in den Fels ritzen. Das waren zu der Zeit die Schamanen, die als Priester, Zauberer und Heiler hohes Ansehen genossen.

Beobachtung aus der Vogelperspektive

Eine Voraussetzung für die Anerkennung als Weltkulturerbe ist die Zugänglichkeit zu den Welterbestätten für die Öffentlichkeit. Das ist in Hjemmeluft in nahezu vorbildlicher Weise gelungen. Ein auf Stelzen stehender Bohlensteg führt auf einem drei Kilometer langen Rundweg etwas erhöht an den Zeichnungen vorbei, die dabei quasi aus der Vogelperspektive angeschaut werden können. Einige der Zeichnungen sind rot eingefärbt, um sie besser kenntlich zu machen.

Das ist jedoch ein zweischneidiges Schwert, denn die Farbe kann den Sandstein verändern und die Zeichnung zerstören. Deshalb ist man auch sehr sparsam mit der Farbe umgegangen. Um die nicht gefärbten Zeichnungen besser sehen zu können, sollte man kommen, wenn die Sonne kurz über dem Horizont steht. Im Schein der Abendsonne treten die Zeichnungen dann plastisch hervor.

EIN PREISGEKRÖNTES MUSEUM

Nach einer langen Phase der Sichtung und Auswertung der Felszeichnungen wurde 1991 ein Teil für die Öffentlichkeit freigegeben. Ein Lehrpfad führt nun zu den Zeichnungen, an dessen Startpunkt ein Museum entstand. Im Museum erläutert eine umfangreiche Dokumentation die Felsbilder und die jüngere Geschichte von Alta. Zwei Jahre später wurde dem Museum der höchstdotierte europäische Museumspreis, der »European Museum of the Year Award« zugesprochen. Anfang 2007 zog das Museum in das neu errichtete Gebäude des Weltkulturerbezentrums für Felskunst um, wurde erweitert und bietet neben dem obligatorischen Museumsshop auch ein Café. Das Museum ist an 354 Tagen im Jahr geöffnet. Es liegt unmittelbar an der E 6, fünf Kilometer vom Stadtzentrum entfernt.

WEITERE INFORMATIONEN

Weltkulturerbezentrum für Felskunst – Museum Alta: Altaveien 19, N–9518 Alta, Tel. +47/41 75 63 30, E-Mail: post@altamuseum.no Internet: www.alta.museum.no

40 Die Fjorde im Norden und ihr Hinterland

Zu versteinerten Trollen und 500-jährigen Kiefern

Nur wenige Besucher verirren sich in die Fjorde im hohen Norden Norwegens. Zu wenig attraktiv scheinen sie im Vergleich zu denen im Süden. Zudem locken andere Ziele wie Alta oder das Nordkap. Aber die nördlichen Fjorde müssen sich nicht verstecken. Ob Langfjord, Altafjord, Porsangerfjord, Laksefjord, Tanafjord oder ganz im Osten Varangerfjord, sie alle sind landschaftlich außerordentlich reizvoll.

Deutlich sind am Porsangerfjord die Strandlinien zu erkennen, die den ehemaligen Küstenverlauf markieren (unten). Rentiere im Stabbursdalen-Nationalpark (rechts Mitte). Während der Regenbogen über dem Porsangerfjord der Bote für eine heranziehende Regenfront ist, signalisieren die bunten Blätter, dass der Winter naht (rechts).

Ob man von Süden aus Karasjok oder von Südwesten aus Alta kommt, die E 6 führt immer zum Porsangerfjord, der sich von Norden zwischen Magerøya und Porsangerhalvøya im Westen und der Nordkinnhalvøya im Osten 123 Kilometer weit in die Finnmark hineinzieht. Im Fjord liegt eine Reihe kleinerer und größerer Inseln, die geologisch und landschaftlich interessant sind. Trollholmsund auf dem Festland und die Inseln Trollholmen und Reinøya sind wegen ihrer Dolomitformationen bekannt. Die rein weißen über elfenbeinfarben bis grauen Felsen haben abenteuerliche Erosionsformen angenommen. Die Sage erzählt, dass die Steine von Trollholmsund versteinerte Trolle sind, die von Sonnenstrahlen getroffen wurden. Auf Reinøya wusch das Schmelzwasser des Inlandeises große Höhlen aus den Dolomitfelsen. Die Insel ist daher als Naturschutzgebiet ausgewiesen. Ebenfalls Naturschutzgebiet ist das Gebiet Roddenes auf der Ostseite des Porsangerfjordes. Hier ist an den in unterschiedlicher Höhe über dem Meer gelegenen ehemaligen Strandlinien abzulesen, wie sich das Gelände seit der letzten Eiszeit gehoben hat.

Kein Platz für Anglerlatein

Der Porsangerfjord ist fast auf ganzer Länge etwa 15 Kilometer breit, erst zum Ende hin verjüngt er sich. Hier münden die Flüsse Stabburselva und Lakselva in den Fjord. Der Lak-

IM NÖRDLICHSTEN WEINGUT DER WELT

Gäbe es in Lakselv eine Bierbrauerei oder eine Schnapsbrennerei, niemand würde ein Wort darüber verlieren. Die Stadt wirbt aber damit, das nördlichste Weingut der Welt zu beherbergen. Nordkap-Wein wird der Gaumengenuss genannt. Des Rätsels Lösung lautet: Nicht Weintrauben sind die Früchte, aus denen der Wein gewonnen wird, sondern Krähenbeeren. Dieses Heidekrautgewächs überzieht in dichten Teppichen die Tundra, die Früchte enthalten sehr viel Vitamin C und wurden als Mittel gegen Skorbut gegessen. Bereits seit dem Mittelalter wird in Norwegen daraus Wein vergoren. Führungen durch das Weingut einschließlich Verkostung werden in Lakslev für 140 Kronen angeboten.

selva heißt nicht umsonst Lachsfluss, denn er ist einer der ertragreichsten Lachsflüsse Norwegens. Lachse mit mehr als 18 Kilogramm Gewicht zu angeln, ist keine Seltenheit, im Jahr 2007 lag das Durchschnittsgewicht aller geangelten Lachse bei 5,5 Kilogramm, die als »groß« eingestuften Lachse mit mehr als 7 Kilogramm brachten im Schnitt 10,5 Kilo auf die Waage. Kein Angler muss hier bei seinen Erzählungen übertreiben, solche Fische beeindrucken auch ohne Anglerlatein. Einen solchen Brocken aus dem Wasser zu holen, erfordert allerdings Können und starke Arme.

Im nördlichsten Kiefernwald der Welt

Auch der Stabburselva, der im gleichnamigen Nationalpark entspringt, ist ein guter Lachsfluss, er ist aber mehr durch seine formende Kraft bekannt. Er hat sich durch mächtige Kiesablagerungen der Schmelzwasserflüsse gefressen und beeindruckende Kiesterrassen geformt. Im Stabbursdalen gibt es viele der für die Finnmark typischen Landschaftsformen: karge Hochgebirge und offene Hochebenen, schmale Flusstäler, Birken- und Kiefernwälder. Durch diese Landschaften fließt der Stabburselva. Stromschnellen wechseln mit Wasserfällen und tiefen Kolken. Dort, wo das Gefälle gering ist, weitet sich der Fluss seenartig aus oder mäandriert durch Sumpfgebiete. Der 98 Quadratkilometer große Nationalpark wurde 1970 eingerichtet, um den letzten verbliebenen Kiefernurwald in Nordeuropa zu schützen. Einzelne Bäume sind 500 und mehr Jahre alt, die höchsten unter ihnen erreichen eine Höhe von 15 Metern, die meisten allerdings sind sehr viel kleiner und wegen starker Winde und großer Schneelasten im Winter oft abenteuerlich verwachsen. Dieser Wald, immerhin noch etwa 10 Quadratkilometer groß und im Herzen des Nationalparks gelegen, hat allen Witterungsunbilden zum Trotz bis heute überdauert. Begonnen hatte alles in der Warmzeit vor mehr als 5000 Jahren. Damals war die gesamte Finnmark von geschlossenen Kiefernwäldern bedeckt, die sich entlang der Täler und Fjorde bis zur Küste erstreckten. Als das Klima kälter wurde, zog sich der Wald zurück, konnte sich jedoch an wenigen klimatisch begünstigten Stellen wie im Stabbursdalen behaupten. Unter dem lichten Kiefernwald mit niedrigen, buschigen Bäumen gedeihen auf dem trockenen und kargen Boden vorrangig Flechten und Heidekrautgewächse. Aber nicht nur für die Kiefern ist das Stabbursdalen ein Refugium. Auch mehrere Vogelarten, darunter Fischadler und Auerhahn, haben hier ihre nördlichsten Vorkommen.

WEITERE INFORMATIONEN

Arntzen Win & Cigar: Meieriviken 11, N-9700 Lakselv, Tel.: +47/78 46 23 73, E-Mail: info@arctic-active.no, Internet: www.arctic-active.no; www.visitarcticnorway.no

Ein grüner Lichtvorhang (oben) lässt auf den Lofoten die Polarnacht fast wieder zum Tag werden. Im Sommer geht die Sonne nicht unter, sondern beschreibt einen Kreisbogen am Himmel (rechts unten). Mit etwas Fantasie erkennt man in den wirbelnden Polarlichtern tatsächlich Kampfgetümmel (rechts oben).

41 Im Land der Mitternachtssonne und des Polarlichts

Wo Elfen tanzen und Walküren reiten

Naturwissenschaftlich gesehen sind die Phänomene Mitternachtssonne und Polarlicht mittlerweile eindeutig erklärbar, trotzdem haftet ihnen immer noch viel Mystisches an. Mit dem Schritt über den Polarkreis wird nach wie vor die Grenze in eine andere Welt überwunden. Eine Welt voller Geheimnisse, in der Trolle und Elfen im Schein der Mitternachtssonne tanzen und Walküren auf dem Weg zu Odins Festtafel die Polarnacht erhellen.

Auf 66° 33' 39'' Nord liegt die magische Linie, ab der im Sommer die Mitternachtssonne scheint. Direkt auf dem Polarkreis geschieht das nur in ei-ner Nacht, nämlich zur Sommersonnen-wende am 21. oder 22. Juni. Das ist zum Beispiel am Svartisen-Gletscher der Fall, der genau auf dem Polarkreis liegt. Doch je weiter man nach Norden kommt, umso mehr Nächte kann man erleben, in denen die Sonne nicht unter dem Horizont versinkt, sondern einen Kreisbogen am Himmel beschreibt. Am Nordkap kann das Schauspiel vom 11. Mai bis zum 31. Juli beobachtet werden, immer vorausgesetzt, dass keine dichten Wolken den Blick auf die Sonne verdecken. Unmittelbar am Nordpol geht die Sonne rechnerisch für ein

halbes Jahr nicht unter, tatsächlich scheint der Polartag aber sogar einige Tage länger zu dauern, weil durch die Lichtbrechung in der Atmosphäre die Sonne immer noch sichtbar ist.

Rauschende Feste zur Sommersonnenwende

Die weißen Nächte, wie die Zeit der Mitternachtssonne auch genannt wird, haben von jeher die Fantasie der Menschen beflügelt. Die Sonne wurde als Lebensspender begrüßt und gefeiert. Ein besonderes Datum war dabei die Sommersonnenwende. In der norwegischen Saga wird erzählt, dass in dieser Nacht Elfen tanzen und Trolle ihr Unwesen treiben. Der Morgentau soll geheimnisvolle magische

Im Land der Mitternachtssonne und des Polarlichts

Kräfte besitzen. Er wurde gesammelt und als Heilmittel benutzt. Die Menschen feierten oft über mehrere Tage lang dieses besondere Ereignis. Doch kein Genuss ohne Reue: Genauso wie die Sonne im Polarsommer nicht untergeht, genauso geht sie im Polarwinter nicht auf. Am Polarkreis ist das nur ein Tag, entweder der 21. oder 22. Dezember, am Nordkap dauert die Polarnacht schon länger, nämlich vom 22. November bis zum 21. Januar.

Sonnenwinde und Magnetfelder

Noch viel geheimnisvoller als die Mitternachtssonne sind die Polarlichter, auf der Nordhalbkugel auch »Aurora borealis« genannt, die als rote, grüne, blaue oder violette Bänder und Vorhänge über den Himmel wabern. Sie erhellen häufig die Polarnacht so sehr, dass man bei ihrem Licht die Zeitung lesen kann. Anders als die Mitternachtssonne können Polarlichter auch südlich des Polarkreises beobachtet werden, allerdings werden sie umso intensiver, je näher man sich an den Polen befindet. Polarlichter entstehen, wenn der so genannte Sonnenwind, ein Strom geladener Teilchen, der von der Sonne kommt, auf die Erdatmosphäre trifft. Der Sonnenwind besteht hauptsächlich aus Protonen und Elektronen sowie aus Heliumkernen und wird bei gewaltigen Eruptionen auf der Sonne ins Weltall geschleudert. Vom

Magnetfeld der Erde werden die Teilchen zu den magnetischen Polen abgelenkt. Dort verlaufen die Magnetfeldlinien sehr eng nebeneinander und senkrecht zur Erdoberfläche, sodass die Protonen und Elektronen tief in die Atmosphäre eindringen können. Sie erhöhen, stark vereinfacht ausgedrückt, den Energiegehalt der Luftmoleküle. Nach kurzer Zeit wird diese Energie wieder abgegeben, und dabei entstehen zuweilen bizarre Lichtformationen. Je nachdem, ob ein Sauerstoff- oder Stickstoffmolekül vom Sonnenwind angeregt wird, tauchen grüne und rote beziehungsweise blaue Lichter am Himmel auf.

Blutige Schlachten in schimmernden Rüstungen

Die Polarlichter sind schon in frühester Zeit als Botschaften der Götter oder als Zeichen für nahendes Unglück angesehen worden. Die Wikinger vermuteten in ihnen Hinweise, dass irgendwo auf der Welt eine große Schlacht geschlagen worden war. Nach ihrer Vorstellung ritten die Walküren nach jedem Gefecht über das Schlachtfeld und wählten die ehrenvoll gefallenen Helden aus, die in die Walhalla eingehen und an Odins Tafel speisen sollten. Dabei spiegelte sich das Licht des Mondes auf ihren schimmernden Rüstungen, wodurch das Nordlicht entstand.

TANZ UM DAS FEUER AM SANKT-HANS-ABEND

Es ist ganz gleichgültig, wo man sich in Norwegen befindet, am 23. Juni jeden Jahres wird überall gefeiert. Der 24. Juni ist der Geburtstag von Johannes dem Täufer. Dieses Datum wurde aus dem Lukasevangelium abgeleitet, wonach Johannes sechs Monate vor Jesus geboren wurde. Daher feiern die Norweger den Sankt-Hans-Abend als christliches Fest am Vorabend des Johannistages erst zwei Tage nach der astronomischen Sonnenwende. Große Johannisfeuer werden angezündet, und bis spät in die Nacht wird getanzt, gesungen, gegessen und natürlich getrunken. Das hat eine lange Tradition. Schon in vorchristlicher Zeit sollten bei den Sonnwendfeiern Dämonen und böse Geister mit Feuer abgewehrt werden. Ab dem 12. Jahrhundert sind die christlich geprägten Johannisfeuer belegt. Für alle, die sich am 23. Juni in Norwegen aufhalten, ist die Teilnahme an den Festen Pflicht. Auskunft erteilt jeder Norweger oder die Touristenbüros.

WEITERE INFORMATIONEN

Internet: www.visitnorway.no

42 Hammerfest – die nördlichste Stadt Europas?

Klappern gehört zum Handwerk

Hammerfest hätte es verdient, die nördlichste Stadt der Welt zu sein, immerhin liegt sie auf 70° 39' 48" Nord. Tatsächlich befindet sich die Stadt Barrow in Alaska noch um eine Kleinigkeit nördlicher, auf 71° 18' Nord. Damit nicht genug: Honningsvåg hat Hammerfest im eigenen Land den Rang abgelaufen, seit dieser Ort 1998 den Stadt-status bekam. Aber auch wenn Honningsvåg nördlicher liegt, ein »gentlemen agreement« erlaubt es Hammerfest nach wie vor, sich »Nördlichste Stadt Europas« zu nennen.

Von der Erdgasverflüssigungsanlage verspricht sich Hammerfest neuen Wohlstand (unten). Nahe bei Hammerfest liegt das idyllische Fischerdorf Rypefjord (rechts unten). Auch zum Repparfjord mit seinen kapitalen Lachsen ist es nicht weit (rechts Mitte). Dass dabei der Erhalt der Natur nicht vergessen wird, ist am Vargfjorden zu sehen (rechts oben).

Auch wenn Hammerfest nicht die nördlichste Stadt Europas ist, kann sie doch mit einigen Besonderheiten aufwarten. Seit 1789 hat sie die Stadtrechte und ist damit die älteste Stadt in Nordnorwegen. Sie war außerdem die erste Stadt in Europa, die 1891 mit elektrischem Licht ausgestattet wurde, ein Zugeständnis an die Tatsache, dass der Polarwinter hier vom 22. November bis zum 21. Januar dauert. Ihren Aufschwung verdankte sie dem geschützten und ganzjährig eisfreien Naturhafen auf der Westseite der Insel Kvaløy. Vor allem Robben- und Walfänger nutzten Hammerfest als Lösch- und Ladehafen. Auch heute noch sind Fischfang und Fischverarbeitung die Hauptwirtschaftsfaktoren, wenngleich der Tourismus ständig wachsende Bedeutung erlangt. Hammerfest ist Hurtigrutenhafen, und auch Kreuzfahrtschiffe legen regelmäßig hier an. Architektonisch bietet die Stadt wenig, denn am Ende des Zweiten Weltkrieges zerstörten die deutschen Besatzer große Teile von ihr. Bemerkenswert ist jedoch die Hammerfest-Kirke, eine 1961 eingeweihte Kirche mit einem wunderschönen, bunten Glasmosaik, die an die Eismeerkathedrale in Tromsø erinnert.

Im Zickzack auf den Berg

Bereits seit 1891 führt der steile Zick-zack veien auf den immerhin 80 Meter hohen Sa-

EIN DREIKLANG AUS NATUR, KULTUR UND GAUMENFREUDEN

Auf dem Hausberg der Stadt Hammerfest, dem Salen, hat man nicht nur einen wunderschönen Blick auf die Stadt und die Landschaft, sondern auch Gelegenheit, Einblick in die samische Kultur zu gewinnen. Die Rentiersamen Mikkel und Solveig aus Kautokeino sind dabei Garanten für ein unvergessliches Erlebnis. Während eines traditionellen samischen Essens erzählen sie Geschichten über das Leben der Samen mit ihren Rentieren. Nicht fehlen darf dabei natürlich auch nicht der Joik, jener für die Samen typische Gesang, mit dem Menschen, Tiere und die Natur besungen werden. Termine auf Anfrage.

WEITERE INFORMATIONEN

Restaurant auf dem Salen: Solveig A. Sara, Suotnju, N-9520 Kautokeino, Tel: +47/78 48 62 04, Mobil: 90 04 98 18, Internet: www.mikkelgammen.no,
Hammerfest Turist AS: (örtl. Reiseveranstalter für Angeltouren etc.); Internet: www.hammerfest-turist.no

len, den Hausberg von Hammerfest. Von hier bietet sich ein weiter Blick über die Stadt, den Hafen und die umgebende Tundra-Landschaft. Bäume und Sträucher sucht man hier vergebens, aber Moose, Flechten, Krähenbeeren, Steinbrechgewächse und das Stengellose Leimkraut färben die Landschaft in grünen, grauen, roten und rosa Tönen. Nicht selten sieht man Trupps von Rentieren, die auf der Hochfläche die Rentierflechten abweiden, aber gelegentlich mitten in die Stadt kommen, wo sie lächelnd geduldet werden. Kein Autofahrer käme auf die Idee, die Hupe zu betätigen. Vom Salen aus sieht man auch die Zeichen der neuen Zeit, die Hammerfest Wohlstand bringen sollen. Auf der nordwestlich vorgelagerten Insel Melkøya existiert seit dem Jahr 2008 die größte Erdgasverflüssigungsanlage Europas. Das Erdgas stammt aus dem Erdgasfeld Snøvit in der Barentssee.

Traditionspflege im Isbjørnklubben

Zurück in der Stadt lohnt sich ein Besuch im Isbjørnklubben, dem Eisbärenclub. Dort residiert die Royal and Ancient Polar Bear Society, die es sich zum Ziel gesetzt hat, die jagdlichen und fischereilichen Traditionen in Hammerfest lebendig zu erhalten. Diesem Zweck dient ein

kleines, aber sehenswertes Museum. Im Mai 2007 wurden neue Ausstellungsräume direkt im Hafen bezogen, dort wo die Hurtigrutenschiffe und Kreuzfahrtschiffe anlegen. Durch Zahlung eines einmaligen Beitrags von 25 Euro wird man lebenslang Mitglied im Eisbärenclub und hat freien Eintritt zum Museum. Der Club hat mittlerweile mehr als 233 000 Mitglieder, meist Touristen, aber auch etliche Prominente, darunter König Harald.

Nicht nur für Angler ein lohnendes Ziel

Von Hammerfest aus sind viele Exkursionen und Wanderungen in die nähere und weitere Umgebung möglich, der Besuch des Repparfjordes sollte dabei nicht fehlen. Dazu muss man die Insel über die Kvalsund-Brücke verlassen und der Reichsstraße 94 folgen. In Kvalsund selbst ist eine mehrere tausend Jahre alte Felszeichnung erhalten, welche die Jagd auf ein schwimmendes Rentier darstellt. Bei Oldernes mündet der Repparfjordelva in den Fjord, und dort beginnt das Paradies für Lachsangler. Ähnlich wie im Lakselva im Porsangerfjord werden auch hier regelmäßig kapitale Lachse von mehr als 10 Kilogramm aus dem Wasser gezogen. Wer nicht angeln will, kann auf Wanderungen die wunderschöne Natur genießen.

Der kleine Skipsfjord liegt im Osten der Insel Magerøy, weitab vom Trubel am Nordkap (oben). Hier am Nordkap ist der europäische Kontinent zu Ende (rechts).

43 Nordkap – das Ende des Kontinents

Mehr als ein Felsen mit Denkmal und Souvenirshop

Niemand kann sich der Faszination diese Ortes entziehen. Das ist er also, der nördlichste Punkt des Kontinents: am besten im Schein der Mitternachtssonne, die bezeichnenderweise im Norden steht. 2100 Kilometer sind es von hier bis zum Nordpol, dazwischen nur das Meer, die Inseln von Spitzbergen und das Polareis. Ein Gefühl unendlicher Weite überkommt den Besucher. Da stört es nicht, dass die benachbarte Landzunge Knivskjellodden exakt 1380 Meter weiter nördlich liegt.

Genau wie das Kap Hoorn in Chile nicht auf dem Festland liegt, sondern auf der Insel Isla Hornos, liegt das Nordkap auf einer vorgelagerten Insel, Magerøya, durch den an der schmalsten Stelle nur 1,2 Kilometer breiten Magerøysundet vom Festland getrennt. 71° 10' 21" Nord heißt die magische Koordinate des zweitnördlichsten Punktes Europas, der sich aber als der nördlichste ausgibt. Das sich gut 300 Meter über dem Meer erhebende Schieferplateau lässt sich als Touristenattraktion einfach besser vermarkten als der Knivskjellodden, der zwar auf 71° 11' 08" Nord liegt, aber nur flach in das Meer hineinragt, oder der tatsächlich nördlichste Punkt des Festlandes, der Kinnarodden auf der Halbinsel Nordkyn. Wenn nicht der nördlichste Punkt, so ist das

Nordkap doch zweifelsfrei der nördlichste Außenposten der Zivilisation auf dem Kontinent.

Folgen eines Irrtums

Die Bezeichnung Nordkap stammt von dem englischen Seefahrer Richard Chancellor – und sie beruht auf einem Irrtum. Er versuchte 1553 von England aus die Nordostpassage nach China zu finden. Auf dem Weg nach Osten passierte er den Felsen, der bei den Einheimischen Knyskanes, steile Klippe, hieß und gab ihm den Namen Nordkap in der fälschlichen Annahme, es handele sich um Festland. Dabei ist es dann geblieben, und der Erfolg gibt Chancellor im Nachhinein Recht. Jedes Jahr zieht es bis zu 265 000 Touristen zu diesem faszinierenden Punkt. Von Beginn an zur Le-

gende erhoben, zog das Nordkap schon früh die ersten Reisenden an. Immer wieder gern erzählt wird die Geschichte des italienischen Priesters Francesco Negri, der bereits 1664 das Nordkap besuchte. Er gilt als erster Tourist und soll gesagt haben: »Hier stehe ich nun am Nordkap – am letzten Außenposten der Zivilisation – und kann sagen, dass meine Wissbegier nun befriedigt ist. Ich reise nun zufrieden heim – so Gott will.« So ganz zufrieden war er aber wohl doch nicht, denn einige Jahre später zog es ihn noch einmal zum Nordkap, er fand jedoch keinen Gönner, der die Fahrt bezahlt

hätte. Zu der Zeit war es eine beschwerliche Reise zu Pferde, mit Skiern und auf Fischerbooten. 181 Jahre später war es der Norweger B. Keilhau, der von der Seeseite aus den Felsen erkletterte. Das war aber nur der letzte Teil eines mühseligen Trips, der auf das Kap führte. Um in die östlich des Kaps gelegene Bucht von Hornvika zu kommen, wo der Aufstieg begann, musste er von Gjesvær etwa 24 Kilometer rudern. Andere taten es ihm nach, viele brachen aber den beschwerlichen Aufstieg vorzeitig ab – wegen plötzlich einsetzenden schlechten Wetters oder einfach nur mangels Kondition.

Faszination des Nordens

Trotz aller Widrigkeiten entwickelte sich das Nordkap zu einem der bevorzugten Ziele von Nordlandreisenden. 1875 organisierte die Reiseagentur Cook in London die erste Gruppenreise für 24 Teilnehmer, größere Besucherzahlen wurden erst 1893 nach dem Beginn des regelmäßigen Verkehrs auf der Hurtigrutenlinie gezählt. Honningsvåg, ein kleiner Ort im Südosten der Insel Magerøy, wurde Haltepunkt der Schiffe und damit Ausgangspunkt für Wanderungen zum nördlichsten Punkt. Es dauerte dann noch fünf Jahre, bis 1898 das erste Gebäude errichtet wurde. Dort wurde Champagner ausgeschenkt, eine Tradition, die dem Deutschen Karl Vogt zugeschrieben wird, der angeblich bereits 1861 beschlossen hatte, die Ankunft am Nordkap ordentlich zu begießen. Der Touristenstrom nahm im Laufe der Zeit immer mehr zu. 1927 wurde die Nordkapps Vel AS, die Gesellschaft zum Wohl des Nordkaps, mit dem Ziel gegründet, den Fremdenverkehr in geregelten Bahnen zu halten und die Umwelt der Insel zu schützen. Nachdem 1956 die neue Straße von Honningsvåg zum Nordkap-Plateau eröffnet wurde, steigerte sich der Fremdenverkehr noch einmal, konnte man doch jetzt Wanderschuhe und Rucksack durch Busse und Pkw ersetzen. Die Besucherzahlen stiegen von 7000 im Jahr 1956 auf 265 000 im Rekordjahr 1994. Als Reaktion wurde die erste

Im Winter ist Magerøya tief verschneit (unten). Das Fenster im Fels ist ein altes Heiligtum der Sami (oben). Im Winter scheint die Landschaft auf Magerøy in den Winterschlaf zu fallen (rechts).

Nordkaphalle errichtet, die inzwischen mehrfach aus- und umgebaut wurde. Heute ist sie ein modernes Informationszentrum mit Ausstellungen, Kino, Postamt, Souvenirshop und einem Restaurant. Durch einen unterirdischen Tunnel gelangt man in die Aussichtshalle, eine in den Felsen gesprengte verglaste Aussichtsplattform, von der aus man einen fantastischen Blick auf die tief unten liegenden Klippen und das Meer hat. Die letzten Dämme gegen den ausufernden Tourismus brachen, als König Harald 1999 den Nordkaptunnel eröffnete. Die fast 7 Kilometer lange Unterquerung des Magerøysundes verbindet die Insel mit dem Festland. An seiner tiefsten Stelle liegt der Tunnel 212 Meter unter der Oberfläche. Seitdem sind die Fähren überflüssig geworden. Doch auch auf den neuen Besucheransturm war die Nordkapps Vel AS vorbereitet. Ausreichend Park- und Campingplätze stehen in unmittelbarer Nähe der Nordkaphalle zur Verfügung.

Magerøya – vielfältiges Leben trotz karger Landschaft

Wer das Nordkap besucht, sollte nicht nur den riesigen Globus, das Wahrzeichen des Kaps, und die Nordkaphalle besuchen, sondern sich auch einmal auf der Insel umsehen. Die Insel heißt zwar Magerøya, kahle Insel, und macht ihrem Namen auch alle Ehre, doch bei genauerem Hinsehen wird eine erstaunliche Vielfalt sichtbar. Mehr als 200 verschiedene Pflanzenarten, darunter einige hochalpine Arten, sind hier zu finden. Die Zwergstendel, eine kleine Orchidee, gehört ebenso dazu wie das Niederliegende Sandkraut. Dichte Matten aus niedrigen Preiselbeer-, Krähenbeer- und Blaubeersträuchern überziehen die Felsen. Selbst die in Norwegen ebenso seltenen wie begehrten Moltebeeren wachsen hier noch in großer Zahl. Sie waren schon vor 10000 Jahren wichtige Vitaminspender für die ersten Jäger und Fischer der Komsa-Kultur, die sich nach dem Ende der Eiszeit hier angesiedelt haben. Die Jäger kamen in erster Linie wegen der Seevögel, die an den steilen Felsen brüteten oder im Meer Nahrung suchten. Heute sind Hobbyornithologen auf der optischen Jagd nach Dreizehenmöwen, Papageitauchern, Kormoranen, Basstölpeln, Tordalken und Gryllteisten. Der Vogelreichtum kommt nicht von ungefähr. Die Gewässer um das Nordkap sind überaus fischreich und bieten nicht nur vielen Vogelarten, sondern auch Schwertwalen, Kegelrobben und Fischottern Nahrung, die man mit ein wenig Glück auch beobachten kann. Alles in allem: Das Nordkap ist eine Reise wert.

BLICK HINTER DIE KULISSEN

Im Zentrum von Honningsvåg, nur wenige Minuten zu Fuß vom Hurtigruten- und Kreuzschiffahrtskai, liegt das Nordkap-Museum. Es dokumentiert seit 1982 die ältere und jüngere Geschichte der Küstenbewohner in der Finnmark. Mindestens fünf wechselnde Ausstellungen werden in jedem Jahr präsentiert. Der Eintrittspreis schließt eine Führung durch das Museum ein. Die Führungen werden nicht nur in Norwegisch und Englisch, sondern auch in Deutsch und Französisch durchgeführt. Wer sich allein im Museum bewegen will, ist dennoch nicht verloren. Alle Ausstellungstexte sind mehrsprachig. Durchschnittlich 10 000 Besucher zählt das Museum im Jahr.

WEITERE INFORMATIONEN

Nordkappmuseet: N–9751 Honningsvåg, Fiskeriveien 4, Tel. +47/78 47 72 00, E-Mail: post@nordkappmuseet.no, Internet: www.kystmuseene.no, Öffnungszeiten: Sommer: Mo–Sa 10–19 Uhr; So 12–19 Uhr; Winter (16.8.–31.5.): Mo–Fr 12–16 Uhr

Die Inseln

Wälder und Berge zum Wandern, fischreiche Fjorde zum Angeln: Senja bietet für jeden etwas, so wie hier am Stønnesbotn, in dem sich der Berg Blaheia spiegelt (links). Impressionen aus Henningsvær (oben). Die Bewohner der Lofoten leben vom Fischen, der Fang wird auf Holzgestellen getrocknet (unten).

Direkt am Meer, mit Blick auf bis zu 1000 Meter hohe Felswände, liegt der Rastplatz Tungeneset auf der Nordwestseite der Insel, an der Norwegischen Landschaftsroute Senja (oben). Anders als der Wolf konnte sich der Fuchs auf Senja behaupten (rechts unten). Die Bewohner von Husøy leben vorwiegend vom Fischfang (rechts oben).

44 Die Insel Senja – Berge, Wälder, Fjorde und Seen

Geheimtipp für Naturliebhaber

Senja ist mit 1570 Quadratkilometern nach Hinnøya die zweitgrößte Insel Norwegens, aber kaum jemand kennt sie, selbst in Reiseführern wird sie kaum erwähnt. Dabei hat sie alles, was Norwegen aufzubieten hat. Im Osten finden sich mit den dichten Wäldern Anklänge an Südnorwegen, im Westen fühlt man sich an die Lofoten und die zerklüfteten Fjorde des Fjordlandes erinnert und der Ånderdalen-Nationalpark im Südteil der Insel begeistert mit seinen Seen, Flüssen, Wäldern und Hochebenen.

Vielleicht ist es ein Glück, dass die Insel Senja keinen eigenen Hafen für die Hurtigrutenschiffe hat. Zwar wird das auf dem Festland liegende Finnsnes angelaufen, und das ist nur durch den an dieser Stelle einen Kilometer breiten Gisund von der Insel getrennt, aber die Schiffe haben hier nur 30 Minuten Aufenthalt. Das ist gerade Zeit genug, um sich an Land die Füße zu vertreten, keinesfalls aber für die Erkundung von Senja.

Vielfalt auf kleinstem Raum

Wer aber den Weg über die 1250 Meter lange Gisund-Brücke, die übrigens eine der längsten Pfeilerbrücken Europas ist, genommen und die

Ortschaft Silsand hinter sich gelassen hat, befindet sich in einem bis zu 10 Kilometer breiten Waldgürtel aus Birken und Kiefern, der sich am Gisund noch Norden entlangzieht. Wiesen und Weiden unterbrechen den Wald an manchen Stellen und lockern die Landschaft auf. Die Berge sind hier nur 300 bis 400 Meter hoch, eine liebliche Landschaft, die an den Süden Norwegens erinnert. Das ändert sich aber schnell, wenn man sich der Westküste nähert. Schroffe Berge ragen beidseits tiefer Fjorde bis fast 1000 Meter in die Höhe. Die Menschen auf der Insel leben auch heute noch vorwiegend vom Fischfang. Der hier gefangene Heilbutt ist berühmt. Auf dem schmalen Küsten-

146

streifen drängen sich in kleinen Fischerdörfern die Häuser dicht an dicht. Die Bewohner von Husøy sind noch enger zusammengezogen. Sie haben ihr Dorf auf einem winzigen Inselchen im Fjord gebaut. Höchstens fünf Minuten benötigen die 250 Einwohner, um von einem zum anderen Ende der Insel zu gelangen. Zum Schutz gegen die Stürme haben viele Bewohner ihre Häuser zusätzlich mit dicken, im Felsen verankerten Tauen gesichert.

Moore, Sümpfe und Seen im Ånderdalen-Nationalpark

Weiter nach Südosten werden die Berge wieder niedriger und sind bewaldet; sie sind hier nur noch gut 450 Meter hoch. Kiefern und Birken bestimmen zunächst das Landschaftsbild. Bald jedoch wird der Wald durch die Seen, Moore und Sümpfe des Ånderdalen-Nationalparks unterbrochen. Er wurde 1970 eingerichtet, um die typischen Wälder mit den eingestreuten Feuchtgebieten zu erhalten. Der zunächst nur 69 Quadratkilometer große Nationalpark wurde 2004 fast auf das doppelte Maß vergrößert. Etwa ein Viertel seiner Fläche nehmen Berge und Hochflächen ein. Große, abgerundete Granitblöcke sind Zeugen der

verschiedenen Eiszeiten, während derer die Felsen glatt geschliffen wurden. Im Zentrum des Parks liegt der fischreiche See Åndervatn. Forellen und Saiblinge leben hier. Den Abfluss des Sees bildet der Ånderelva, der durch den Nationalpark nach Süden in den Tranøybotn fließt. Stromschnellen und Wasserfälle wechseln mit langsameren Passagen, wenn er durch kleine Seen fließt. Dort, wo der Fluss langsamer wird und sich das Wasser staut, bildeten sich ausgedehnte Sümpfe und Moore mit ihrer typischen Vegetation. Zwei seltene Orchideenarten haben hier ein Refugium gefunden. Der Weg des Flusses führt auch durch die Trollschlucht. An den steilen Hängen wachsen Birkenwälder, während im Tal selbst knorrige Kiefern vorherrschen, die bis zu 500 Jahre alt sind. In früheren Zeiten hat es auf der Insel auch Bären und Wölfe gegeben, doch die sind längst ausgerottet. Fischotter, Wiesel und Füchse sind jedoch nicht selten. Auch Elche bekommt man gelegentlich zu sehen. Häufig sind dagegen Hausrene, die hier auf die Sommerweide geschickt werden. Sie gehören Sami, die nicht hier leben, sondern ihre Tiere traditionell im Frühjahr mit Booten auf die Insel bringen und im Herbst wieder abholen.

ÜBERNACHTEN IM MUSEUM

Etwa 15 km nördlich von Finnsnes liegt in Lenvik auf der Insel Senja das Lenvik Bygdemuseum. Mehrere alte Gebäude, darunter das alte Pfarrhaus, wurden restauriert und für die Besucher zugänglich gemacht. Dieses Heimatmuseum hat es sich zur Aufgabe gemacht hat, über das Leben und die Kultur der Küstenbewohner zu informieren. Auch die samische Vergangenheit der Insel wird dargestellt. Im Hafen ist eine alte Kaianlage mit Fischerhütten, Bootsschuppen und traditionellen Booten erhalten. Nun wäre das Bygdemuseum ein Museum unter vielen, wenn hier nicht die Gelegenheit bestünde, in den alten Fischerhütten, die inzwischen mit einer Miniküche, Dusche und Toilette ausgestattet sind, zu übernachten. Bis zu sechs Personen finden darin Platz. Die etwas andere Art, ein Museum zu besuchen.

WEITERE INFORMATIONEN

Lenvik Bygdemuseum: N–9305 Finnsnes, Tel. +47/92 81 43 85, E-Mail: lenmus@gmail.com, Internet: www.lenvik-museum.no

Auch üppig blühende Wiesen findet der Besucher im Frühjahr und Sommer auf den Lofoten (oben). Der Lilandstind auf Hamnøya ist einer der markantesten Berge auf den Lofoten (rechts).

45 Lofoten – der Fuß des Luchses

80 Inseln nördlich des Polarkreises

Aus welcher Richtung man sich auch den Lofoten nähert, unvermittelt ragen bis zu 1200 Meter hohe Berge aus dem Meer. Kahl und unwirtlich scheinen die Inseln auf den ersten Blick zu sein, dann werden grüne Küstenstreifen mit Wiesen, Äckern und bunten Fischerdörfern sichtbar, an den Berghängen wachsen Wälder, und die Schneefelder auf den Bergen speisen Bäche, die in wilden Kaskaden ihren Weg ins Meer suchen.

Wie ein 200 Kilometer langer Schutzwall liegen die Lofoten, die durch den bis zu 85 Kilometer breiten Vestfjord vom Festland getrennt sind, vor der Küste Norwegens. Sie bilden das erste Hindernis für die von Westen heranziehenden Tiefdruckgebiete und mildern deren Einfluss auf das Festland. Die letzte Eiszeit hat die Inseln maßgeblich geformt und tiefe Fjorde und bizarre Felsformationen geschaffen, aber sie war nicht der einzige Landschaftsarchitekt. Heute noch nagen Wind und Wellen an den Felsen. Auch wenn die Eiszeiten ihnen im wahrsten Sinne des Wortes den letzten Schliff gegeben haben, erfuhren die Gesteine der Lofoten schon lange vorher so manche Veränderung. Auf Moskenesøy sind sie teilweise 3,5 Milliarden Jahren alt. Damit gehören sie zu den ältesten, freiliegenden Gestei-

nen weltweit. Im Laufe der Zeit sind sie durch hohe Temperaturen und gewaltige Drucke verändert, geologisch ausgedrückt: metamorphisiert worden.

Was Namen verraten

Lófót hieß ursprünglich nur die Insel Vestvågøy. »Ló« ist die norwegische Bezeichnung für den Luchs und »fót« bedeutet Fuß. »Luchsfuß« wurde die Insel genannt, weil ihr Umriss – mit etwas Fantasie betrachtet – dem Pfotenabdruck eines Luchses ähneln soll. Später ging der Name auf alle Inseln des Archipels über. Die benachbarte Insel Flagstadøy hatte einen Namen vergleichbarer Herkunft, nämlich Vargfót, Wolfsfuß, der jedoch in Vergessenheit geraten ist. Vermutlich hat auch hier die Form der Insel ihr den ursprünglichen Namen gegeben.

Nördlich des Polarkreises und doch kein arktisches Klima

Nirgendwo sonst auf der Welt ist das Klima zwischen dem 67. und 68. Breitengrad so mild wie auf den Lofoten. Zwar können hier schwere Stürme wüten, ein Ausläufer des Golfstroms sorgt aber dafür, dass im Winter die Durchschnittstemperatur auf den am weitesten südlich gelegenen Inseln Røst und Værøy nicht unter den Gefrierpunkt sinkt. Selbst im etwa 140 Kilometer weiter nördlich gelegenen Svolvær liegt die Durchschnittstemperatur im Januar nur bei moderaten minus 1,5 Grad Celsius. Auf der gleichen Breite in Ostgrönland reichen die Gletscher bis an das Meer heran; im Winter ist es dort bis zu minus 40 Grad kalt, und selbst im Hochsommer kann Eis die See-

fahrt unmöglich machen. Das ist auf den Lofoten anders. Das Meer um die Inseln bleibt ganzjährig eisfrei und sichert den Menschen bis heute ihren Lebensunterhalt.

Vom Kabeljau zum Bacalhau

Bereits vor 6000 Jahren kamen die ersten Jäger und Fischer auf die Lofoten und fanden hier hervorragende Lebensbedingungen. Die Inseln waren mit Birken- und Kiefernwäldern bedeckt, in denen Elche, Hirsche, Rentiere, Biber, Luchse und Bären lebten. Auch das Leben im Meer war sehr vielfältig. Fische und Robben, später auch Wale, standen auf dem Speiseplan der Insulaner. Wegen des milden Klimas war auch Landwirtschaft möglich. Die ersten Getreideäcker wurden bereits vor 4000 Jahren in der Jungsteinzeit angelegt. Obwohl auch die Landwirtschaft aufblühte, blieb doch der Fischfang der wichtigste Erwerbszweig. Auch als die Wikinger die Herrschaft übernahmen, änderte sich daran nichts, im Gegenteil. Im Winter ruderten Fischer vom Festland zu den Lofoten, um Kabeljau zu fangen, der aus der Barentssee in die Gewässer um die Lofoten zieht, um zu laichen. Da die Menschen dort überwinterten, benötigten sie auch Unterkünfte. König Øystein, der die Bedeutung der Fischerei auf den Lofoten erkannte, ließ daher bereits im frühen 12. Jahrhundert die so genannten »Rorbuer«, Hütten für Ruderer, bauen, eine Tradition, die bis in das 20. Jahrhundert fortgesetzt wurde. Bis zu 16 Männer teilten sich ein Rorbu, von denen die meisten direkt auf Pfählen im Wasser standen. Die gefangenen Fische wurden ausgenommen und, paarweise an den Schwänzen zusammengebunden, auf großen Holzgestellen zum Trocknen aufgehängt. Bereits im Mittelalter florierte ein schwungvoller Handel mit dem auf diese Weise haltbar gemachten Stockfisch, den die Norweger selbst Tørrfisk nennen. Bis in den Mittelmeerraum wird der Fisch bis heute geliefert. In Spanien heißt er Bacalao, in Portugal Bacalhau. Dort soll es 365 verschiedene Bacalhau-Rezepte geben, für jeden Tag eins.

Auf Hamnøya steht noch eine ganze Reihe der Rorbuer, in denen die Fischer während der Wintersaison gelebt haben (oben). Impressionen aus Henningsvær: Holzgestelle mit Trockenfisch (unten). Die Sandstrände auf den Lofoten laden zum Baden ein (rechts).

Teilhaber am Fischreichtum

Nicht nur den Fischern sichern die reichen Fischgründe der Lofoten ihr Auskommen, auch unzählige Seevögel bevölkern während der Brutzeit die Küsten. Etwa ein Viertel des gesamten Seevogelbestandes von Norwegen, das sind 2,5 Millionen Vögel, brütet auf den steilen Felsen südwestlich von Røstlandet, einer der südlichsten Inseln der Lofoten. Auch auf den anderen Inseln ziehen Kormorane, Mantelmöwen, Dreizehenmöwen, Eissturmvögel, Basstölpel, Papageitaucher und Eiderenten in großer Zahl ihre Jungen auf. In Måstad auf der Insel Værøy wurde eine eigene Hunderasse, die Lundehunde, gezüchtet, die in die engen Bauten der Papageitaucher hineinkriechen können und dort die Jungvögel herausholen, die auf den Lofoten als Delikatesse gelten. Wo keine Hunde zur Verfügung standen, hat man früher die Papageitaucher beim Aus- oder Einfliegen in ihre Bauten mit Netzen gefangen.

Auch Schwertwale folgen den Fischschwärmen und dringen tief in die Fjorde ein. Wegen der Riesentintenfische, die in großer Tiefe um die Lofoten leben, kommen Pottwale hierher. Diese größten Zahnwale können bis zu 3000 Meter tief tauchen und dabei zwei Stunden unter Wasser bleiben. Von den einzelnen Inseln werden Walsafaris mit Garantie organisiert: Wer bei einer Ausfahrt keinen Wal gesehen hat, darf kostenlos an der nächsten Safari noch einmal teilnehmen.

Artenreichtum nicht nur im Meer

Fanden die ersten Siedler auf den Lofoten noch dichte Wälder vor, so änderte sich das mit der Zeit. Holz wurde als Brennmaterial, zum Haus- und Bootsbau und natürlich auch für die Stockfisch-Trockengestelle und zum Auskochen von Tran benutzt. Bald war von den ursprünglich ausgedehnten Wäldern nicht mehr viel übrig geblieben. Langsam aber erholen sich die Wälder wieder, und die typischen Pflanzen kehren zurück. Die Vegetation der Lofoten ist eigenartig. Direkt nebeneinander kann man Gebirgspflanzen, Waldbewohner und Küstenpflanzen finden. Am Strand wächst die in Norwegen Østersurt, Austernpflanze, genannte Mertensie mit ihren kleinen blauen Blüten. Sie wurde wegen ihres Geschmacks, der an Austern erinnert, so genannt. Dicht daneben findet man häufig das Löffelkraut, das als Mittel gegen Skorbut gegessen wurde. Es wurde in eine schwache Salzlake eingelegt, in der es sich lange frisch hielt. Weiter im Inselinnern gibt es noch Moore, in denen Torfmoose und Moltebeeren gedeihen.

AUF DEN LOFOTEN MUSS ES FISCH SEIN!

Lofoten und Fisch, das sind fast Synonyme. Wer dort keinen Fisch gegessen hat, dem ist etwas wirklich Gutes entgangen. In nahezu jedem Dorf auf den Inseln kann man wunderbar Fisch essen, aber die besten Fischgerichte bekommt man nach Meinung aller Gourmets im Restaurant »Børsen Spiseri« in Svinøya, dem ältesten Teil von Svolvær, direkt am Kai. Es ist in einer 170 Jahre alten Fischhalle untergebracht, die liebevoll restauriert und eingerichtet wurde. Der erste Krämerladen von Svolvær mit seiner historischen Ausstattung befindet sich direkt nebenan, ebenso wie 24 Rorbuer, die allerdings nicht mehr im Originalzustand sind, sondern für Touristen instandgesetzt wurden.

WEITERE INFORMATIONEN

Børsen Spiseri: Svolvær, Gunnar Bergsv. 2, Tel. +47/76 06 99 30, E-Mail: post@svinoya.no, Internet: www.svinoya.no

46 Der Nusfjord – das schönste Fischerdorf der Lofoten

Ausflug in das 19. Jahrhundert

Der Nusfjord auf der Westseite der Insel Flakstadøy ist eher eine schmale Bucht als ein Fjord, denn er zieht sich bei einer Breite von ca. 300 Metern gerade einmal zwei Kilometer weit in die Insel hinein. Aber diese zwei Kilometer sind an landschaftlicher Schönheit kaum zu übertreffen. Steile Klippen ragen auf beiden Seiten des Fjordes bis zu 900 Meter in die Höhe. Auf der Westseite umschließen die bunten Holzhäuser des Dorfes Nusfjord einen winzigen Naturhafen.

Fisch, wo immer man hinschaut. Jeder Fleck wird zum Trocknen von Fisch genutzt, denn Platz ist knapp in Nusfjord (rechts oben). Die Hütten sind zum Teil weit in den Fjord hinein auf Stelzen gebaut (unten). Tiedemannns Tobak und Frydenlund-Bier waren offensichtlich gängige Artikel im Kaufmannsladen von Nusfjord (rechts unten).

Der Nusfjord ist auch von der Seeseite erreichbar, allerdings gibt es keine feste Fährverbindung. Man muss entweder mit dem eigenen Boot kommen oder ein Boot mieten. Einfacher ist es aber, die Fähre von Bodø nach Svolvær, Stamsund oder Moskenes zu nehmen und von dort mit dem Wagen in den Nusfjord zu fahren. Die Einfahrt in den Fjord, ob von der Seeseite im Süden oder über die Straße von Norden, ist in jedem Fall ein Erlebnis. Nach zwei Kilometern erreicht man auf der schmalen, am Fuße der Felswände verlaufenden Straße das Dorf Nusfjord. Es nimmt für

sich in Anspruch, nicht nur Norwegens ältestes, sondern auch das besterhaltene Fischerdorf zu sein. Unzweifelhaft ist es eines der schönsten. Nusfjords Bebauung stammt im Wesentlichen aus dem späten 18. und frühen 19. Jahrhundert. Der Ort blieb von großen, verheerenden Bränden verschont und präsentiert sich einheitlich, ohne Einflüsse neuerer Stilrichtungen. Neben den gepflegten historischen Häusern trägt vor allem die malerische Bergkulisse dazu bei, dass Nusfjord zu den meistfotografierten Motiven Norwegens gehört. Es kommt hinzu, dass die Bewohner ne-

Der Nusfjord – das schönste Fischerdorf der Lofoten

ben dem Tourismus, der ihnen jedes Jahr einige Tausend Besucher beschert, weiterhin den Fischfang als Einnahmequelle nutzen. Das macht das Dorf, das fast wie ein Freilichtmuseum wirkt, sehr authentisch.

Jahrtausendealte Fischereitradition

Die ältesten Spuren der Besiedlung des Nusfjordes sind mehr als 2400 Jahre alt. Fischerhütten aus der Zeit um 400 v. Chr. wurden vor einigen Jahren hier gefunden. Damit konnte belegt werden, dass schon in der Eisenzeit im Nusfjord ein Fischhandelsplatz lag. Über die Jahrhunderte kamen die Fischer jedes Jahr, um Kabeljau zu fangen und an Ort und Stelle zu verarbeiten. Der getrocknete Fisch wurde dann meist über Bergen bis in den Mittelmeerraum exportiert. Bis zum Anfang des 19. Jahrhunderts war Nusfjord Krongut unter den wechselnden Herrschern aus Dänemark und Schweden. In den Jahren 1823 und 1843 wurde das Dorf dann in zwei Raten mit allen damit verbundenen Rechten verkauft.

Abhängig vom Væreier

Hans Grøn Dahl war der Käufer. Er erwarb aber nicht nur das Dorf selbst, sondern auch 1750 Hektar Land, vorwiegend »nutzloses« Bergland, aber auch fünf fischreiche Seen. Er wurde der Begründer einer Familiendynastie, die über vier Generationen das Schicksal des

Dorfes bestimmte. Es heißt, dass Hans Dahl nicht lesen und schreiben konnte, er hatte aber ein Gespür dafür, wie man Geld verdient. Unter seiner Ägide stieg Nusfjord zum führenden Fischverarbeitungs- und -handelsplatz auf den Lofoten auf. Er und seine Nachfolger waren die Væreier, die Dorfbesitzer, und hielten die Fischer in völliger Abhängigkeit. Doch wurde auch viel investiert. So gehörte Nusfjord 1905 zu den ersten Orten in Nordnorwegen, die ein Wasserkraftwerk erhielten. Es hatte eine Leistung von 15 Kilowatt, was ausreichte, um den Kai zu beleuchten, eine elektrische Seilwinde zu betreiben und die Wohnung des Besitzers mit Elektrizität zu versorgen. Mit dem Niedergang der Lofotenfischerei in den 1980er-Jahren kam auch das Aus für die Væreier, die 1989 Konkurs anmelden mussten.

Wiederbelebung und Neuanfang

Heute wird Nusfjord von einer Aktiengesellschaft unterhalten, die es sich zum Ziel gesetzt hat, die historischen Gebäude und Einrichtungen zu erhalten und der Öffentlichkeit zugänglich zu machen. Besucher können einen Nusfjord-Pass erwerben, der sie berechtigt, die Einrichtungen zu besichtigen. Der Laden, eine Bäckerei, die Schmiede, das Sägewerk und natürlich das Kraftwerk sind nur einige Stationen der historischen Rundtour, die durch das Dorf führt.

FISCHER FÜR EINEN TAG

Der Besuch in einem Fischerdorf, zumal in einem so liebevoll restaurierten wie Nusfjord, ist schon ein besonderes Erlebnis. Wer zur Kabeljau-Zeit im Januar und Februar kommt, kann unmittelbar miterleben, wie die Fische angelandet, ausgenommen und getrocknet werden. Aber auch wer den Ort zu anderen Zeiten besucht, gewinnt einen hautnahen Einblick in das Leben der Fischer. Vom 1. Juni bis zum 30. August kann man täglich um 12 Uhr vom Hafen aus mit den Berufs-fischern auf der »MS Vibeke« hinausfahren und zusehen und manchmal mithelfen, wie professionell gefischt wird. Wenn der Fang eingebracht ist, geht es nach drei Stunden zurück nach Nusfjord. Die Preise sind moderat, Kinder unter 12 Jahren erhalten 50 Prozent Ermäßigung.

WEITERE INFORMATIONEN

Nusfjord AS: N–8380 Ramberg,
Tel. +47/76 09 30 20,
E-Mail: booking@nusfjord.no,
Internet: www.nusfjord.no

Weithin sichtbar wurde der Sitz der Wikingerkönige von Borg auf dem Hügel angelegt (oben). Runensteine, reich verzierte, seetüchtige Schiffe und die für damalige Zeiten luxuriöse Innenausstattung des Langhauses zeugen von der handwerklichen Geschicklichkeit, mehr noch aber vom Reichtum der Bewohner (rechts).

47 Das Wikingermuseum Borg

In den Fußstapfen der Wikingerkönige

Wenn Frikk Harald Bjerkli, Landwirt auf Vestvagøy, im Herbst 1981 nicht ein wenig tiefer als üblich gepflügt hätte, vielleicht wäre der alte Sitz eines Wikingerhäuptlings weitere tausend Jahre unentdeckt geblieben. Eine ungewöhnlich dunkle Verfärbung des Bodens machte ihn neugierig, und er setzte sich mit dem Amateurarchäologen Kåre Ringstad in Verbindung, der das Phänomen genauer untersuchte. Er fand mehr als tausend Jahre alte Glasperlen und Tonscherben. Die Sensation war perfekt.

Die Ausgrabungen begannen 1983 durch ein Team von Archäologen aus ganz Skandinavien. Schnell wurde deutlich, dass Frikk Bjerkli durch Zufall auf die Reste der nördlichsten und größten Wikingersiedlung nicht nur Skandinaviens, sondern ganz Europas gestoßen war. Bereits im 4. Jahrhundert war das erste Gebäude errichtet worden. Es war immerhin schon 67 Meter lang. Im Laufe der Zeit wurde es mehrere Male umgebaut und erweitert, bis es Anfang des 9. Jahrhunderts die imposanten Maße von 83 Meter Länge, 8,3 Meter Breite und 9 Meter Höhe erreicht hatte.

Ein Symbol für Reichtum und Macht

Das Gebäude war weithin sichtbar, etwas erhöht in der Ebene gebaut. Von dort hatten die Bewohner einen weiten Blick über die Bucht und die Landschaft. Hier muss ein mächtiges Wikingergeschlecht gelebt haben, das seinen Reichtum und seine Macht mit diesem Gebäude überdeutlich signalisierte. Dieser Reichtum beruhte zu großen Teilen auf der Landwirtschaft, die hier betrieben wurde. Bis zu 50 Kühe fanden im Stallbereich des Hauses Platz. Dazu wurden Pferde, Schafe, Schweine und Hühner gehalten. Die bei den Ausgrabungen entdeckten Fundstücke sprechen dieselbe Sprache, zeigen aber auch, dass die Bewohner nicht nur auf ihrer Scholle saßen, sondern weit herumgekommen sind oder mindestens Handel getrieben haben. Reicher Goldschmuck wurde gefunden, darunter drei Goldamulette, auf denen sich zwei Menschen umarmen,

dazu Glasscherben aus Frankreich, mit Goldfäden verziertes Glas aus England und Walrosszähne aus Sibirien. Vergleichbares wurde bisher nur in den bedeutenden Wikingerhandelsorten Birka, Haithabu und Kaupang gefunden.

Bauern, Händler und Eroberer

Alle Funde in Borg lassen darauf schließen, dass hier politisch und wirtschaftlich einflussreiche, vermutlich auch kriegerische Häuptlinge gelebt haben. Die Umrisse zweier bis 26 Meter langer Bootshäuser werden als Beleg dafür angesehen, dass die Bewohner auch über große Schiffe verfügten. Diese Schiffe waren hochseetüchtig und schnell und hervorragend für die Navigation auf engem Raum geeignet. Sie begründeten den Ruf der Wikinger als Plünderer und Eroberer. Dass sie in erster Linie auch reisende Händler waren, gerät dabei meist in den Hintergrund.

Der Exodus

Borg wurde um 900 n. Chr. verlassen. Über die Gründe kann nur spekuliert werden. Kriegerische Auseinandersetzungen mit benachbarten Clans, der Versuch, den Einflussbereich noch weiter auszudehnen, oder das Klima können eine Rolle gespielt haben. Denn der Standort hatte auch Nachteile. Hier weht ein beständiger Wind, der häufig auch Sturmstärke erreicht. Gebäude in dieser Region müssen stabil gebaut sein. Das sollten die Bewohner von Borg 1789 feststellen, als der Sturm ihre Kirche regelrecht umgeblasen hatte. Das Pfarrhaus teilte dieses Schicksal 1920. Möglich, dass ein solches Ereignis auch zum Ende von Borg geführt hat. Vielleicht hat sich der Herr von Borg aber auch denen angeschlossen, die ihr Glück in einer neuen Welt gesucht haben. Es gibt Hinweise darauf, dass Olaf Tvennumbruni, der als Siedler im Südwesten Islands bekannt geworden ist, der letzte Häuptling von Borg gewesen ist.

Das Wikingerleben wird rekonstruiert

Nicht weit vom Originalfundort wurde 1995 das Wikingermuseum Borg eröffnet. Im Mittelpunkt steht ein originalgetreuer Nachbau des Langhauses. Ein dreischiffiges Haus mit Pfostenreihen im Innern, die das Dach tragen. Auch die Inneneinrichtung und Aufteilung der Räume ist nach dem Grundriss des Originals rekonstruiert worden. Das Museum lebt, denn ein Gruppe von Mitarbeitern stellt das Leben der Menschen zur Wikingerzeit nach. Es wird gekocht, gewaschen und verschiedene handwerkliche Tätigkeiten werden ausgeführt. Vorträge und Mitmachaktionen runden das Angebot ab.

»Magic Ice« betrachtet die Inselwelt der Lofoten wie durch eine Kristallkugel. Die »Kunst unter dem Gefrierpunkt« ist seit ihrer Eröffnung im Jahr 2004 zu einer viel beachteten, neuen Attraktion auf den Lofoten geworden.

48 Svolvaer – Lofoten on the rocks

Die Inselwelt der Lofoten in Eis gehauen

Als größter Ort der Lofoten, Fischerei-, Handels- und Verwaltungszentrum ist das Städtchen Svolvaer, vom Hafen abgesehen, keine besondere Schönheit. Aber dennoch lohnt sich ein Besuch, schließlich liegt es inmitten atemberaubender Natur, weshalb hier auch die Hurtigruten- und einige Kreuzfahrtschiffe Halt machen. Denn immerhin bietet Svolvaer einige Annehmlichkeiten und außerdem eine buchstäblich eiskalte Attraktion.

Svolvaer ist das Verwaltungszentrum der Kommune Vågan, hat etwa 4000 Einwohner und ist ein Fischerstädtchen wie viele andere auch. Die meisten Gebäude sind reine Zweckbauten, im Hafen legen regelmäßig die Schiffe der Hurtigruten und gelegentlich auch Kreuzfahrtschiffe an. Wahrhaftig kein Highlight, wenn man allein den Ort betrachtet. Aber Svolvaer hat mehr zu bieten. Es ist unter anderem Ausgangspunkt für das Schnellboot nach Bodø und für Boote, die in den Trollfjord fahren (s. Highlight 49). Interessant ist auch das norwegische Kriegsmuseum, das über die Zeit des Zweiten Weltkrieges und die Besetzung durch Nazideutschland informiert. Außerdem gibt es in der kleinen Stadt einige annehmbare Hotels und Pensionen sowie einen Campingplatz, dazu ein paar gemütliche Knei-

pen, in denen man gut und relativ preiswert essen kann und wo manchmal auch Livemusik stattfindet. Ein echtes Highlight ist jedoch die Ausstellung »Magic Ice«. Im Hafen von Svolvaer entstand in einer 500 Quadratmeter großen Halle die Welt der Lofoten – in Eis modelliert. Menschen in Fischerdörfern, die Vogelfelsen von Røst, die Arbeit der Fischer auf See und vieles mehr wird hier mit viel Liebe zum Detail gezeigt. Mit einem warmen Mantel, Handschuhen und Mütze ausgestattet, friert man auch nicht beim Bummel durch die Winterwelt. Kerzenlicht, das durch das Eis tausendfach gebrochen wird, gibt »Magic Ice« tatsächlich eine magische Atmosphäre.
INFO: www.magic-ice.no
Touristinformation: Haakon Kyllingmarks gate 6, 8300 Svolvær

49 Der Trollfjord – Wasserstraße für Könner

Auf Tuchfühlung mit den Felswänden

Den einen oder anderen mag schon ein seltsames Gefühl beschleichen, wenn er auf einem der Hurtigruten-Schiffen durch die engsten Passagen des Trollfjords fährt und die Fels-wände rechts und links wie ein Höllenschlund aufragen. Und doch gehört die Fahrt durch diese traumschöne, steinerne Welt zu einem der mystischsten Erlebnisse im hohen Norden. Hier müssen Trolle hausen, ganz sicher.

Der Besuch des Trollfjordes steht auf den Fahrplänen nur weniger Kreuzfahrtschiffe, denn die schmale Passage ist jedesmal aufs Neue eine Herausforderung an das nautische Können der Kapitäne.

Obwohl nur zwei Kilometer lang, steht der Trollfjord von der landschaftlichen Schön-heit her nicht hinter seinen großen Brüdern, etwa dem Geiranger- oder Lysefjord zurück. Versteckt als kleiner Nebenfjord des Raftsun-des, der Wasserstraße, welche die Lofoten und Vesterålen voneinander trennt, kann man ihn leicht übersehen. Nicht mehr als 100 Meter breit ist der Eingang zum Trollfjord, und auch an der breitesten Stelle sind die auf beiden Sei-ten bis über 1000 Meter steil aufragenden Felswände nicht mehr als 800 Meter voneinan-der entfernt. Nur wenige Schiffe fahren in den Trollfjord, denn es erfordert erhebliches nauti-sches Können, um in den engen Fjord hinein und vor allem wieder hinauszukommen. In Zeiten, als die Schiffe noch nicht über mo-derne Bug- und Heckstrahltriebwerke verfüg-

ten, die es erlauben, das Schiff auf der Stelle zu drehen, fiel am Ende des Fjordes der Anker und das Schiff drehte sich auf kleinem Raum um die Ankerkette, um den Bug wieder in Richtung Fjordausgang zu wenden. Seinen Na-men hat der Fjord von den Trollen, die in Höh-len hausen und nach Einbruch der Dunkelheit ihr Unwesen treiben. Alternativ zu einem Post-schiff kann man von Svolvær aus auch mit ei-nem Kutter oder einem Speedboot durch den Trollfjord fahren. In die Trollfjordberge führen auch mehrere Wanderwege, und auf 405 Höhen-meter trifft man auf die Trollfjordhytte, die man am besten – per Bootstransfer – über einen Wanderweg vom Ufer des Fjords aus erreicht.
INFO: Touristinformation Svolvaer,
Tel. +47 76 07 05 75
info@lofoten.info

Von den Höhenlagen der Inseln abgesehen gedeiht überall eine üppige Vegetation: Engelwurz, Weidenröschen auf den Wiesen, Wollgras in den Mooren (oben). Die Strände auf den Vesterålen gehören zu den längsten und schönsten Sandstränden Norwegens (rechts oben). Fernab vom Massentourismus findet man idyllische Orte wie Kjerringnes am Sortlandsundet. (rechts unten)

50   Die Vesterålen – Stiefgeschwister der Lofoten ...

... und doch eine Reise wert

»Lofoten und Vesterålen« heißt es, wenn von den Inseln im Westen Norwegens gesprochen wird. Die Vesterålen stehen immer ein wenig im Schatten der südlich gelegenen Lofoten, und auch in den Reiseführern werden sie kaum erwähnt. Dabei haben sie Vieles zu bieten. Nicht umsonst haben sich die ersten Jäger und Fischer bereits vor 6000 Jahren hier niedergelassen. Boten die Inseln doch alles, was man zum Leben braucht.

Nur durch den schmalen Raftsund von den Lofoten getrennt, liegen die Vesterålen nordöstlich der Lofoten. Die fünf großen Inseln Austvågsøya, Andøya, Langøya, Hadseløya und Hinnøya beherrschen den Archipel, dazu kommt eine Vielzahl kleinerer Inseln und Inselchen. Auf 3100 Quadratkilometer zeigen die Inseln ein Spektrum von Landschaftstypen. Vorwiegend im Westen erheben sich schroffe Berge, zwischen ihnen liegen Fjorde, die tief in die Inseln einschneiden. An anderen Stellen fühlt man sich an die Südsee erinnert. Kilometerlange weiße Sandstrände wie der Bleikestranda an der Nordwestspitze der Insel Andøya, übrigens der längste Sandstrand Norwegens, laden zum Baden ein. Im Binnen-

land wartet eine geradezu liebliche Landschaft mit Seen, Mooren, Wäldern, Wiesen und Weiden auf den Besucher.

Der Golfstrom macht's möglich

Obwohl die Inseln zwischen dem 68. und 69. Breitengrad und damit 200 Kilometer an der Südspitze Hinnøyas, beziehungsweise 300 Kilometer an der Nordspitze Andøyas, nördlich des Polarkreises liegen, herrscht hier, dem Golfstrom sei Dank, ein sehr mildes Klima. Winter mit Mitteltemperaturen im Februar von –2 °C und Sommer, in denen die mittlere Temperatur im Juli zwischen 12 und 14 °C pendelt, lassen vergessen, dass in diesen Breiten eigentlich arktische Verhältnisse herr-

Die Strände auf den Vesterålen gehören zu den längsten und schönsten Stränden Norwegens (rechts). Nur zum Brüten und Aufziehen der Jungen kommen die Dreizehenmöwen an die Küste. Dann bauen sie ihre Nester an steile Felsen oder geschützte Vorsprünge. Sie sind überaus elegante Flieger und Fischfänger. Gern profitieren sie vom Beutezug der Buckelwale (unten).

schen sollten. Umso mehr, wenn man weiß, dass als höchste auf den Vesterålen gemessene Temperatur 31 °C erreicht wurden. Entsprechend üppig sind die Inseln bewachsen. Birken, Traubenkirschen, Ebereschen, Erlen und verschiedene Weidenarten gedeihen in den Wäldern. Selbst die empfindlichen Fichten können hier überleben, wenngleich der größte Teil angepflanzt wur-de. Allerdings existiert auf Hinnøya auch ein natürlicher Bestand. Die Wälder schaffen es auf den windabgewandten Seiten der Inseln, bis zu 400 Meter hoch an den Berghängen emporzuklettern. Auf den windigen Westseiten gelingt ihnen das nur bis auf 200 Meter. In abflusslosen Senken haben sich groß-flächige Hochmoore entwickelt, die im Laufe der Jahrtausende über das umgebende Gelände hinausgewachsen sind und nun eine Hügellandschaft bilden. Diese Moore sind Lebensraum für eine Vielzahl von Pflanzen und Tieren, darunter die Uferschnepfe, die hier ihr einziges Brutgebiet in ganz Norwegen hat. Auch heute noch wird in einigen dieser Moore Torf gestochen, allerdings stehen weite Bereiche inzwischen unter Naturschutz. Im Moor

von Ramså wird eine der größten Düngemittelanlagen auf Torfbasis in Norwegen betrieben. Aber nur 5 % der Moorflächen werden zum Torfabbau genutzt.

Ein Mix aus Alt und Jung

Auch geologisch weisen die Vesterålen einige Besonderheiten auf. Das Spektrum reicht von 2,7 Milliarden Jahren alten Tiefengesteinen vulkanischen Ursprungs, die im Laufe der Zeit an die Erdoberfläche gekommen sind, bis zu Sedimentgesteinen, die »nur« etwa 100 Millionen Jahre alt sind. Zwischen Ramså und Haugsnes auf Andøya kommen diese jüngeren Sedimentgesteine zutage. Darin finden sich viele Fossilien, unter anderem Muscheln, Schnecken und Tintenfische. Ebenfalls auf Andøya wurden die bisher einzigen Kohlevorkommen auf dem norwegischen Festland gefunden, Relikte aus der Kreidezeit, als Skandinavien noch sehr viel weiter südlich lag. Zu dieser Zeit herrschte hier ein subtropisches Klima mit ausgedehnten Wäldern aus Baumfarnen, Ginkgo- und Nadelbäumen. Aus den Resten dieser Pflanzen entstand im Laufe der Jahrmillionen die Kohle. Ein Lehrpfad führt durch das Gebiet.

Die Fischwirtschaft: eine Erfolgsgeschichte

Die Besiedlungsgeschichte der Vesterålen ist untrennbar mit der Fischerei verknüpft. Bereits die ersten Siedler, die sich hier vor 6000 Jahren niederließen, lebten vom Fischfang in den reichen Fischgründen um die Inseln. Kabeljau, Lachs, Butt, Schellfisch, Rotbarsch und viele weitere Fischarten waren fast im Überfluss vorhanden. Vom Beginn der Wikingerzeit an gewann der Stockfisch, der nicht mehr nur für den Eigenbedarf gefangen, sondern auch gehandelt wurde, an Bedeutung. Die Vesterålen erlebten einen ersten Aufschwung. Der wurde noch dadurch verstärkt, dass die in den »Nordlanden« überall sonst geltenden restriktiven Bestimmungen, die nur den großen Handelshäusern in Bergen und Trondheim den Handel gestatteten, für die Vesterålen Schritt für

Schritt abgebaut wurden. Als seit den 1860er-Jahren zusätzlich zum Kabeljau auch Heringe in außergewöhnlichen Mengen gefangen werden konnten, kam es zu einer weiteren wirtschaftlichen Blüte in der Region. Bis heute ist die Fischerei neben dem Tourismus die Haupteinnahmequelle für die Bevölkerung. Aber nicht nur die Menschen leben von den Fischen.

Für jede Vogelart ein anderes Jagdrevier

Wo viele Seefische vorkommen, leben auch viele Seevögel. Das ist auch auf den Vesterålen so. Aus der großen Gruppe der Alkenvögel sind Papageitaucher, Tordalken und Lummen gemeinsam mit den Kormoranen unter Wasser auf der Jagd nach Fischen, während Basstölpel sich aus großer Höhe ins Wasser stürzen und schon vorher genau wissen, welchen Fisch sie fangen wollen. Auch Seeadler, die hier regelmäßig zu beobachten sind, peilen ihre Beute vorher an, bevor sie mit gezieltem Griff ihrer Fänge den Fisch aus dem Wasser ziehen. Die Möwen nehmen ihre Nahrung direkt von der Wasseroberfläche oder kurz darunter auf, denn sie können nicht tauchen. Um solche und andere Beobachtungen machen zu können, kommen Hobby-Ornithologen aus ganz Europa vor allem nach Nyhvåg.

Wiederbelebung einer Geisterstadt

Nicht weit von den Vogelfelsen befindet sich das Fischerdorf Nyksund, das bis 1972 eines von vielen kleinen Fischerdörfern entlang der Küste war. Die Unterhaltung all dieser kleinen Dörfer wurde dem norwegischen Staat auf Dauer jedoch zu teuer. So wurde beschlossen, mehrere kleine Fischerdörfer in einer kleinen Stadt zusammenzufassen. Daher wurden die Einwohner und Betriebe aus Nyksund mit staatlicher Hilfe in den nahe gelegenen Ort Myre umgesiedelt. Nur der Schmied blieb als einziger Bewohner zurück. Der Staat hatte alle Umzugskosten unter der Bedingung getragen, dass keiner der Bewohner vor Ablauf von 30 Jahren nach Nyksund zurückkehren dürfe. Das Dorf verfiel mit der Zeit und geriet (fast) in Vergessenheit. Erst ein Besucher aus Deutschland kam auf die Idee, das Dorf zu erhalten und wieder aufzubauen. Sein erster Versuch scheiterte, aber mit der Zeit fanden sich immer mehr Sponsoren und Freiwillige bereit, am Aufbau mitzuwirken und die alten Gebäude wieder instand zu setzen. Inzwischen leben wieder acht Personen dauerhaft in Nyksund. Strom, Telefon und fließend warmes Wasser gibt es auch wieder. Neben mehreren Herbergen haben im Sommer auch ein Café, ein Laden, eine Galerie und ein Museum geöffnet.

ZU DEN ROBBEN UND VÖGELN DER VESTERÅLEN

Die Vesterålen sind für ihre reichhaltige Tierwelt bekannt. Jedes Jahr kommen viele Touristen, um speziell die Tierwelt, angefangen von den Walen über Robben und nicht zuletzt Vögeln zu beobachten. Zu empfehlen ist daher eine Bootstour zu den Kegelrobben- und Seevogelkolonien auf Bleiksøya. Die Fahrt führt aber nicht einfach nur zu den Kolonien, sachkundige Experten an Bord erklären den Aufbau und die Verteilung der Vogelarten auf einem Vogelfelsen ebenso wie das Fortpflanzungsverhalten der Robben. Während der Saison vom 1. Mai bis 15. September starten die Boote täglich um 9.00, 12.00, 15.00 und 18.00 Uhr von Stave, einem kleinen Ort, 18 km von Andenes auf Andøya entfernt.

WEITERE INFORMATIONEN

Seal Safari: Strandgata 94, N–8480 Andenes, Tel. +47/97 68 00 18 E-Mail: rune@sealsafari.no, Internet: www.sealsafari.no

Register

Blick auf die Romsdal Alpen über den Fannefjord (oben);
v.l.n.r.: Brütende Dreizehenmöwe, Wolf im Osten Norwegens, junge Norwegerin in Tracht, Brücke über den Latefoss im Hordaland, Moschusochsen auf dem Dovefjell,
Bootshäuser in Furuholmen vor Mandal.

Impressum

Verantwortlich diese Ausgabe: Dr. Birgit Kneip
Layout und Bildredaktion: graphitecture book & edition
Repro: Repro Ludwig, Zell am See
Kartografie: Astrid Fischer-Leitl, München
Herstellung: Bettina Schippel
Printed in Italy by Printer Trento

★ ★ ★ ★ ★

Sind Sie mit diesem Titel zufrieden? Dann würden wir uns über Ihre Weiterempfehlung freuen.
Erzählen Sie es im Freundeskreis, berichten Sie Ihrem Buchhändler, oder bewerten Sie bei Onlinekauf.
Und wenn Sie Kritik, Korrekturen Aktualisierungen haben, freuen wir uns über Ihre Nachricht an Bruckmann Verlag,
Postfach 40 02 09, D-80702 München oder per E-Mail an lektorat@verlagshaus.de.

Unser komplettes Programm finden Sie unter

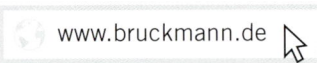 www.bruckmann.de

Alle Angaben dieses Werkes wurden von den Autoren sorgfältig recherchiert und auf den neuesten Stand gebracht sowie vom Verlag geprüft. Für die Richtigkeit der Angaben kann jedoch keine Haftung übernommen werden.

Bildnachweis
Umschlagvorderseite:
Oben: Oslo
Mitte: Fjaerlandsfjord am Sognefjord
Unten: Fischerdorf Reine auf der Insel Moskenes. (alle drei Abbildungen: Bildagentur Huber, Garmisch Partenkirchen)
Umschlagrückseite von links nach rechts: Alesund, Oslo, Nordlicht (alle drei Abbildungen: Petra Woebke)

Seite 2–3: Olnevatnet im Jostedalsbreen-Nationalpark mit dem Dorf Sunde
Seite 4–5: Am Starvatn in Telemark
Seite 166–167: Auf Langøya, Vesteralen

Alle Abbildungen des Innenteils stammen von Petra Woebke, außer:
Dr. Hans-Joachim Spitzenberger: 77 unten, 139 rechts unten, 157 oben

Grundlegend aktualisierte und verbesserte Nachauflage 2015
© 2015, 2011, 2008 Bruckmann Verlag GmbH, München
ISBN 978-3-7654-4827-0

In gleicher Reihe erschienen ...

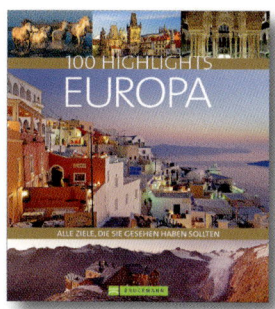

ISBN 978-3-7343-0146-9

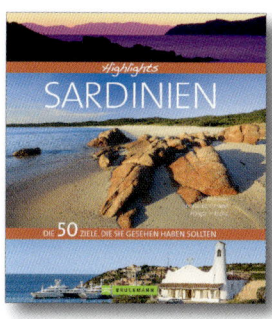

ISBN 978-3-7343-0332-6

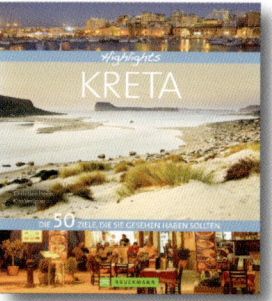

ISBN 978-3-7654-8374-5

ISBN 978-3-7654-8783-5

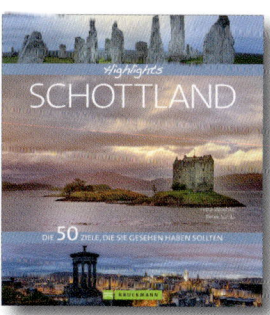

ISBN 978-3-7654-8224-3

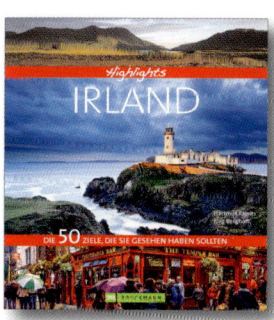

ISBN 978-3-7654-5214-7

Highlights Andalusien
978-3-7654-5599-5

Highlights Barcelona
978-3-7654-8222-9

Highlights Bayern
978-3-7654-6777-6

Highlights Berlin
978-3-7654-5871-2

Highlights Brasilien
978-3-7654-6121-7

Highlights Chile · Argentinien
978-3-7654-6031-9

Highlights China
978-3-7654-4830-0

Highlights Deutschland
978-3-7654-6794-3

Highlights Dresden
978-3-7654-6776-9

Highlights Englands Süden
978-3-7654-5597-1

Highlights Frankreich
978-3-7654-5368-7

Highlights Gardasee
978-3-7654-6772-1

Highlights Hamburg
978-3-7654-5831-6

Highlights Israel
978-3-7654-5598-8

Highlights Istanbul
978-3-7654-6180-4

Highlights Japan
978-3-7654-6495-9

Highlights Kanada
978-3-7654-4760-0

Highlights Karibik
978-3-7654-4869-0

Highlights Kuba
978-3-7654-5596-4

Highlights London
978-3-7654-5835-4

Highlights Mallorca
978-3-7654-5465-3

Highlights Namibia
978-3-7654-6026-5

Highlights Neuseeland
978-3-7654-4750-1

Highlights New York
978-3-7654-5751-7

Highlights Norwegen
978-3-7654-4827-0

Highlights Oman & Dubai
978-3-7654-6032-6

Highlights Paris
978-3-7654-5753-1

Highlights Peru
978-3-7654-5436-3

Highlights Portugal
978-3-7654-5533-9

Highlights Rom
978-3-7654-5752-4

Highlights Russland
978-3-7654-5600-8

Highlights Schweden
978-3-7654-4973-4

Highlights Schweiz
978-3-7654-5872-9

Highlights Sizilien
978-3-7654-5880-4

Highlights Skandinavien
978-3-7654-6119-4

Highlights Südtirol
978-3-7654-6775-2

Highlights Sylt
978-3-7654-6179-8

Highlights Thailand
978-3-7654-5863-7

Highlights Toskana
978-3-7654-5843-9

100 Highlights Kanada
978-3-7654-8780-4

100 Highlights USA
978-3-7654-8227-4

**Highlights USA
Der Westen**
978-3-7654-5758-6

Highlights Vietnam
978-3-7654-5144-7

Highlights Die Welt
978-3-7654-6120-0

**Welterbe – Deutschland,
Österreich, Schweiz**
978-3-7654-8402-5

BRUCKMANN

www.bruckmann.de